MARTIN CHEEK

MOSAIK

MARTIN CHEEK

MOSAIK

Das Ideenbuch

VERLAG PAUL HAUPT
BERN / STUTTGART / WIEN

INHALT

EINFÜHRUNG

DER REIZ DES MOSAIKS hat in den letzten Jahren stark zugenommen. Diese uralte Kunst erlebt heute eine regelrechte Wiedergeburt und Mosaikkünstlerinnen und -künstler arbeiten erneut eng mit Architekten und Innenarchitekten zusammen. Dank vieler Bücher und Zeitschriften über das eigene Heim und einiger beliebter Fernsehsendungen hat es sich herumgesprochen, dass jedermann herrliche Mosaike in Auftrag geben kann. Aber wo fangen Sie an? Wie setzen Sie sich mit einem Künstler in Verbindung, dessen Arbeiten Ihnen gefallen?

Dieses Buch beantwortet Ihre Fragen. Mit seiner ansprechenden Gestaltung, den wundervollen Farbfotos und ausgewählten Arbeiten von über vierzig Künstlerinnen und Künstlern ist es ein einzigartiges Handbuch über zeitgenössische Werke.

Um das Nachschlagen zu erleichtern, ist das Buch in Themenbereiche gegliedert. Es beginnt mit der Welt der Natur und behandelt weiter die Welt des Menschen, Stillleben und Mosaike als Skulpturen. Zudem enthält es einen Abschnitt über die faszinierenden Kieselmosaike von Maggy Howarth.

Mosaik – Das Ideenbuch enthält inspirierende Werke von professionellen Künstlerinnen und Künstlern. Gewiss, jeder lernt bekanntlich am meisten aus seinen eigenen Fehlern; aber man kann auch dazulernen, indem man grosse, beispielhafte Werke eingehend studiert.

Nicht nur Anfängern gehen mitunter die Ideen aus. Selbst die erfahrensten Kunstschaffenden haben bisweilen das Gefühl, sich auf eingefahrenen Gleisen zu bewegen. Dem kann dieses Buch mit seinen verschiedenen Themenbereichen und Stilproben abhelfen. Die abgebildeten Werke behandeln die Themen in verschiedener Weise und sind daher eine Anregung für jeden, der Ideen für sein nächstes Mosaik sucht.

Der Stil des Kunstschaffenden entwickelt sich im Laufe von Jahren. Wenn eine Kollektion aufgebaut ist, beginnen sich gewisse Persönlichkeitszüge darin abzuzeichnen und eines Tages ist ein guter Beobachter imstande, das Werk eines bestimmten Künstlers auf Anhieb zu erkennen. Das ist sehr wichtig für Amateure, die darum kämpfen, sich mit ihren Arbeiten über das Mittelmass hinaus zu erheben.

Dieses Buch ist vor allem jenen Tausenden von Künstlerinnen und Künstlern gewidmet, die im Laufe der Jahrhunderte herrliche Mosaike geschaffen haben, und es entstand aus der freudigen Erkenntnis, dass Tausende von Zeitgenossen es ihnen in Zukunft nachtun werden.

MARTIN CHEEK

DIE WELT DER NATUR

DIE NATUR UMGIBT UNS: herrliche und unerwartete Farbkombinationen, Kampf und Frieden. Die hier abgebildeten Mosaike feiern die einzigartige Methode, mit der die Natur Probleme löst: Ihre Geschöpfe

vermehren sich, jagen und schützen sich davor, gefressen zu werden. Die komplexen Formen einer Winde locken Bienen an (Seite 64) und seine faszinierenden Farben tarnen den Tiger (Seite 46). Künstlerinnen haben sich seit jeher von den Wundern der Natur inspirieren lassen.

Ammonit (Detail). Catherine Parkinson. Marmor. 12 cm^2. 1996

Fossilien berichten uns von den ersten Tieren und Pflanzen. Darum passt dieses Stück mit seinen subtilen, natürlichen Farben sehr gut an den Anfang dieses Kapitels.

Otter. Martin Cheek. Detail aus einem Taliesin-Mosaik (Seite 43)

Lebensbaum. Raymond Gordon. Glas, unglasierte Keramik und Buntglas. 120 x 90 cm. 1996

Dieses Bild ist eine Zusammenfassung der gesamten Natur. Vögel und Tiere, symbolisch und exotisch zugleich, sitzen in gelassener Harmonie auf und unter einem grossen Lebensbaum.

DAS LEBEN IM MEER

Die Welt unter Wasser ist erfüllt mit schillernden Farben und dynamischen Formen. Darum ist es für Mosaizisten äusserst reizvoll, Fische und andere Geschöpfe des Meeres darzustellen. Es ist leicht zu erklären, warum Fische ein so gutes Thema für ein Mosaik sind: Sie sehen mit ihren Schuppen selbst wie ein Mosaik aus. Wenn man die »Aktionslinie« eines Objekts bis in den Hintergrund verfolgt, kann man seine Bewegung *(andamento)* hervorheben. Wird diese Linie leicht abgewandelt und teils dicker, teils dünner dargestellt, entstehen Wellen, deren Rhythmen an gekräuseltes Wasser erinnern.

Seepferdchen. Jeni Stewart-Smith. Glas, unglasierte Keramik und Buntglas. 25 x 12,5 cm. 1997

Ein fröhliches, graphisch stilisiertes Bild. Wegen ihrer kühnen Kurven und ihrer femininen Zartheit sind Seepferdchen bei den meisten Mosaizistinnen und Mosaizisten äusserst beliebt.

Unter dem Meer. Tessa Hunkin/Mosaic Workshop. Glas. 26 cm^2. 1997

Selbst das kräftige, dynamische Blau des Meeres kann die herrlichen Farben der Fische und Pflanzen in diesem Mosaik nicht übertrumpfen. Das Gefühl, in der Tiefe des Meeres zu sein, wird hier hervorragend fühlbar.

Goldfischspiegel. Tessa Hunkin/Mosaic Workshop. Glas. 120 x 60 cm. 1993

Form und Position der Fische sind diesem ovalen Spiegel vollkommen angepasst. Die bunten Fische heben sich gut vom tiefen, satten Blau des Hintergrunds ab, ohne dabei an Wirkung einzubüssen. Solche fliessenden Kompositionen sind nur ohne störende Ecken denkbar.

John Dory. Martin Cheek. Buntglas und Spiegelglas. 95 x 65 cm. 1997

Hier habe ich versucht, das Gefühl des Fisches einzufangen, der sich durchs Wasser bewegt. Der bewusst »chaotische« Hintergrund soll die Bewegung des Wassers darstellen, durch das John Dory schwimmt. Das Schilf vorne und hinten trägt dazu bei, dem Bild räumliche Tiefe zu vermitteln, und da es im Meeresgrund wächst, entsteht eine schlichte Landschaft.

John Dory. Peter Massey. Glas, unglasierte Keramik und Musivgold. 49 x 46 cm. 1996

Drei der Farben, die für den Fischleib benutzt wurden – Weiss, Sahneweiss und Goldocker – steuert unglasierte Keramik bei, die das Licht nur schwach reflektiert, so dass das Glas um so besser zur Geltung kommt.

Zwei Makrelen. Martin Cheek. Glas. 100 x 40 cm. 1996

Diese Fische wirken lebendig und jedesmal, wenn ich sie anschaue, scheinen sie eine andere Farbe zu haben – mal blau oder purpurn, mal türkis und grün. Das Mosaik ist das perfekte Medium für Fische, weil auch sie bei wechselndem Licht die Farbe ändern. Metallisch geäderte Fliesen eignen sich am besten für diese prächtigen, schillernden Meeresbewohner.

Fischtafel (Details unten links und rechts). Tessa Hunkin/Mosaic Workshop.

Komplementärfarben (sie stehen einander im Farbkreis gegenüber) wie in diesem dynamischen orangefarbenen Fisch in tiefblauem Wasser sorgen dafür, dass das Sujet sich gut von seiner Umgebung abhebt. Dieser Fisch und der Fisch unten könnten kaum besser stilisiert oder wirkungsvoller sein.

Tischplatte mit Fisch. Joanna Dewfall. Unglasierte Keramik. 46 x 61 cm. 1990

Diese phantastische Kreatur gleicht eher einem Röntgenbild als einem wirklichen Fisch. Die Seepferdchen, Muscheln und Seesterne am Rand sind eher symbolisch dargestellt. Der Beschränkung auf acht oder neun Farben verdankt das Bild seine Einheitlichkeit.

Fischtafel. Tessa Hunkin/Mosaic Workshop. Glas. 180 x 50 cm. 1995

Diese Fische sind mit klaren, hellen Farben eingelegt, so dass sie sich dem Betrachter zu nähern scheinen. Der Hintergrund ist ebenso kraftvoll: Man spürt die Tiefenschichten, wenn der Blick abwärts wandert. Der grosse tiefrote Fisch unten stützt das restliche Bild mit seinem »Gewicht«. Dass die Fische am Rande des Mosaiks abgeschnitten sind, lässt an grosse Schwärme denken.

Halewell-Schwimmbecken

(Seiten 16–18). Martin Cheek und Sylvia Bell. Glas. 1995

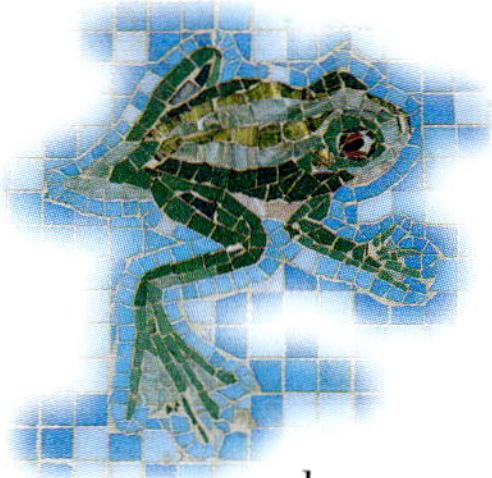

Dies war mein erster Auftrag in einem Schwimmbecken und er war ein wenig unbefriedigend. Da es zu teuer gewesen wäre, das ganze Becken mit Mosaiken zu überziehen, entschieden wir uns für diese Einzelmotive. Frösche, Molche und Fische sind von den üblichen blauen Kacheln umgeben, allerdings in drei Farbtönen. Ich legte das Sujet zuerst auf gespanntem Papier ein und fügte dann das *opus vermiculatum* hinzu. Dabei achtete ich darauf, das hellste Blau neben die dunklen Bereiche zu legen und umgekehrt. Dann setzte ich Streifen von Kachelblau so nahe wie möglich an das Mosaik, und zwar so, dass die horizontalen und vertikalen Gittermuster quadratisch blieben. Zum Schluss füllte ich Lücken mit Kachelteilen.

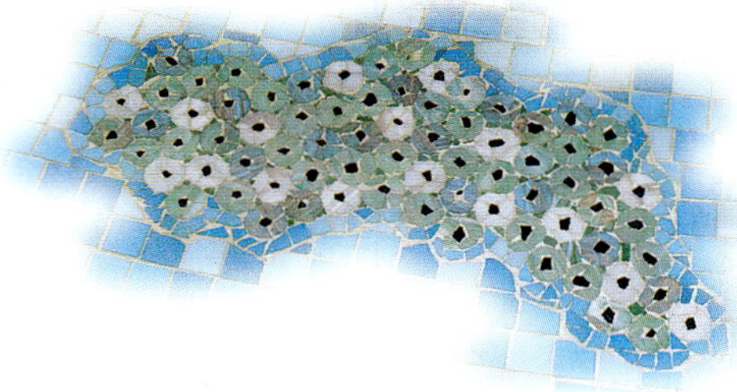

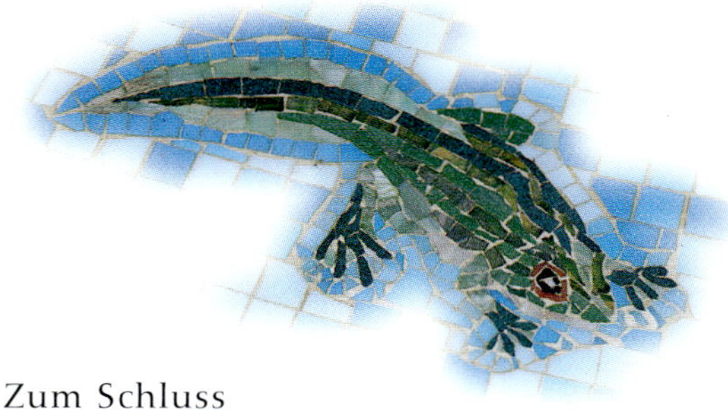

Metamorphose eines Froschs.

Wer ins Becken steigt, wird vom Lebenszyklus des Frosches begrüsst. Aus dem Laich (oben) werden Kaulquappen, kleine Frösche und schliesslich ausgewachsene Tiere. Überall an den Seiten des Beckens befinden sich Frösche, die auf den Badenden zuschwimmen, ins Wasser hüpfen und ihre Freude daran haben.

Springende braune Forelle (Details aus dem Halewell-Schwimmbecken). Martin Cheek

Diese Forelle gehört zu einer lebendig wirkenden Fünfergruppe. Sie scheint an der Beckenwand in die Höhe zu schnellen. Das gebrochene, »chaotische« Spiegelglas erinnert an aufspritzendes Wasser. Die langen, dünnen Rechtecke der Flossen sehen zart aus und heben sich von den solideren Stücken des Körpers ab.

Krebs (Detail aus dem Halewell-Schwimmbecken). Sylvia Bell

Der Versuch, dieses komplizierte, kunstvolle Mosaikgeschöpf zu vereinfachen, war eine Herausforderung eigener Art. Das Tier erfüllt hier eine wichtige Aufgabe: Es öffnet die stacheligen Beine und Klauen, um so den Kontakt mit dem Hintergrund herzustellen.

Fischfliese. Jeni Stewart-Smith. Glas, Buntglas, unglasierte Keramik und Einfassung aus Blei. 20,5 cm². 1995

Die bleierne Einfassung der geschwungenen Wirbelsäule dieses schön gezeichneten Fisches steht in auffallendem Kontrast zu den einheitlichen Fliesen des Hintergrundes.

Harlekinfisch. Anne Heathman. Glas und Rakufliesen. 43 x 27 cm. 1997

Ich liebe das Harlekinmuster auf dem Rücken des Fisches, den gestreiften Kopf und die gestreiften Flossen. Die Farbwahl ist ebenso ungewöhnlich wie geistreich. Dies ist Annes erstes Mosaik!

Fischhändler (Detail). Kenneth Budd. Buntglas und glasierte Keramik. Gesamtfläche: 180 x 120 cm. 1990

Der kühne plastische Stil von Kenneth und Oliver Budd (Vater und Sohn) passt hervorragend zum Medium Mosaik. Diese Arbeit war eine von sieben, die in Auftrag gegeben wurden, um eine Fussgängerunterführung zu verschönern.

Seepferdchen. Liz Simms. Glas und Buntglas. 16,5 x 11,5 cm. 1966

Je kleiner das Mosaik ist, desto schwieriger ist es auch oft, damit eine gute Wirkung zu erzielen. Dies ist ein Kleinod – der Charakter des Seepferdchens ist besonders gut beobachtet. Da es aus gelbem und blauem Buntglas besteht, hebt es sich klar vom Meer aus einfachem Glas im Hintergrund ab.

Meerbarsch mit gelber Einfassung. Martin Cheek. Glas, Spiegelglas, Musivgold und Musivsilber. 84 x 41 cm. 1993

Dies ist ein Beispiel dafür, dass das Material das Sujet nahelegt. Ich wollte einfach eine Menge Rot verwenden, was mir bis dahin nie gelungen war.

Gelber Barsch. Mark Holihan. Glas. 29,5 x 43,5 cm. 1996

Dieser Fisch ist einer handkolorierten Litographie in Francis Days Buch The Fishes of Malabar *aus dem 19. Jahrhundert nachempfunden. Mark nutzt das starke Schwarz und Gelb, um die Form zu definieren. Die Blautöne der Umgebung sind zwar unruhig, aber wegen des Kontrastes zum Fisch wirkungsvoll.*

Fisch Nr. 1. Susan Goldblatt. Glas. 51 x 46 cm. 1995

Das andamento *dieser Arbeit ist eine dynamische Bewegung nach vorn, angeführt vom Kopf des Fisches. Man kann die Dynamik dieses Bewohners der Tiefe förmlich spüren – es scheint, als flögen Funken bei einem Feuerwerk.*

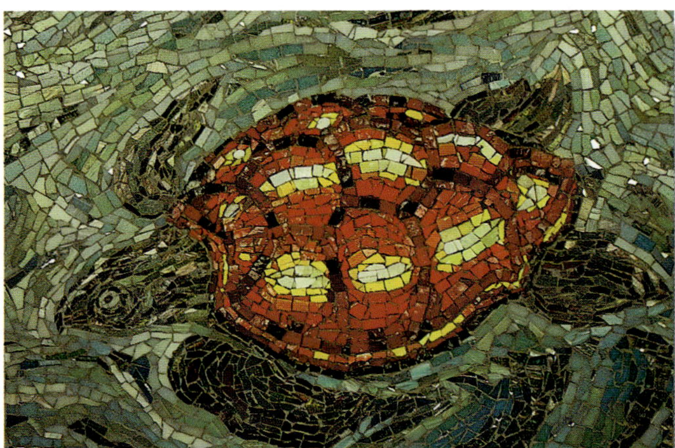

Schildkröte. Liz Simms. Glasfliesen, Bunt- und Spiegelglas. 42 x 61 cm. 1994

Dieses Mosaik wurde nach der direkten Methode hergestellt, so dass der Buntglasschild des Tieres sich etwa 1 cm vom gläsernen Meer abhebt. Dank der dicken Wellen entsteht der Eindruck, dass die Schildkröte sich langsam durchs Wasser bewegt.

Fledermausfisch. Martin Cheek. Bunt- und Spiegelglas. 95 x 65 cm. 1997

Diesen seltenen, surrealistisch anmutenden Fisch fand ich in einem Buch über Lithographie. Mir gefiel sein groteskes Aussehen und es machte mir Spass, den gestreiften blauen Fischleib einzulegen.

Tintenfisch (Detail). Emma Biggs/Mosaic Workshop. Glas. 100 x 50 cm. 1993

Dieser Tintenfisch wirkt quicklebendig. Das Muster der Haut ist kräftig und plastisch. Man sieht, wie die Fangarme sich krümmen und winden.

Ruhende Scholle. Martin Cheek. Unglasierte Keramik und Glas. 30 x 22 cm. 1996

Die natürliche Patina der Keramikfliesen im Hintergrund verleiht diesem Mosaik ein »sandiges« Aussehen. Die karamelfarbenen Glastesserae, die den Hintergrund »würzen«, spiegeln die glänzenden orangefarbenen Flecke der Scholle wider.

Schwimmende Scholle. Martin Cheek. Glas. 56 x 36 cm. 1994

Anders als beim Steinbutt unten wollte ich hier die Vielfalt der Farbtöne auf diesem flachen Fisch darstellen.

Steinbutt. Martin Cheek. Glas, Bunt- und Spiegelglas. 80 x 60 cm. 1995

Ich liebe diese auffälligen, flachen Steinbutte und wollte versuchen, sie als Mosaik wiederzugeben. Selbst grosse Mosaikflächen wie hier am Fischleib wirken nicht langweilig, wenn die Textur gut ist und das Ganze andamento *– Dynamik – ausstrahlt.*

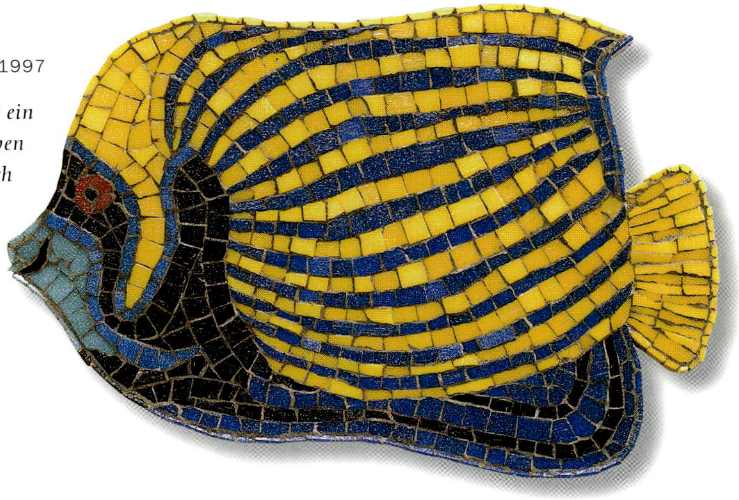

Kaiserfisch. Martin Cheek. Glas. 40 x 20 cm. 1997

Kleine tropische Fische mit hellen Farben haben oft ein kompliziertes Muster. Die klaren blauen und gelben Streifen des Kaiserfischs sehen sehr kühn und plastisch aus und sind ein Geschenk für Mosaizistinnen und Mosaizisten. Ich habe dieses Mosaik ausgeschnitten und daraus eine Plakette gemacht, um die Plastizität noch zu betonen.

Engelbarsch. Martin Cheek. Glas. 61 x 47 cm. 1996

Dieser Fisch ist winzig – nur etwa 3 cm lang. Obwohl ich ihn stark vergrössert habe, war es nicht leicht, alle Farben seines bunten Körpers unterzubringen.

Fadenflosser. Martin Cheek. Glas. 58 x 37 cm. 1997

Dieses Mosaik auf einer Steinplatte habe ich nach der indirekten Methode gefertigt. Das subtile Wechselspiel der Pastelltöne (es gibt 96 Buntglasfarben) passt hervorragend zum zarten Körper dieses tropischen Fisches.

Blauer Tang im grünen Meer. Elizabeth Raybee. Unglasierte Keramik. 120 cm². 1991

Die Arbeiten der Mosaikkünstlerin Elizabeth Raybee sind derart wirkungsvoll und dynamisch, dass wir ihnen eigene Seiten widmen. Die Kombination aus Fischen, Seesternen und Anemonen ist ungewöhnlich reizvoll. Mir gefällt besonders die Zartheit der Anemonenbüschel. Vergleichen Sie den ruhigen Meeresboden mit den Wasserwirbeln darüber.

Pazifische Szenen. Elizabeth Raybee. Unglasierte Keramik. 240 x 105 cm. 1993

Dieses grosse Wandmosaik ist ein hervorragendes Beispiel für Elizabeths Arbeit. Man hat wirklich das Gefühl, unter Wasser zu sein. Ein bedrohlich wirkender Hai und Muränen stören die friedliche Szene. Die roten und orangefarbenen Seesterne springen geradezu aus dem Bild.

Engelbarsch im Tang. Elizabeth Raybee. Unglasierte Keramik. 120 cm^2. 1991

Nur wenige Mosaike sind so faszinierend wie dieses wunderbare Werk. Beachten Sie, dass alle Hintergrundfarben ähnliche Töne haben, damit sie nicht vom Fisch ablenken.

VÖGEL

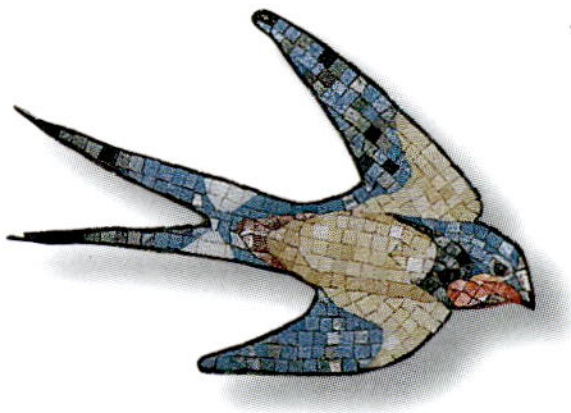

Das lebhaft-bunte Federkleid vieler Vögel stellt für Mosaizisten eine grosse Herausforderung dar. Dieses Kapitel ist ein gutes Beispiel dafür, wie unterschiedlich Künstlerinnen und Künstler dasselbe Thema behandeln. Hier sehen Sie realistische Vögel von Marjorie Knowles (gegenüber), eine naiv dargestellte *Henne* von Nicola Haslehurst (Seite 36), allegorische Vögel von Elaine Goodwin und Jane Muir (Seiten 30, 31) sowie lustige Vögel: einen *Kranich* von mir (Seite 39) und *Pinguine* von Jeni Steward-Smith (oben).

Schwalbe (Detail aus dem Taliesin-Mosaik Seiten 48–49). Martin Cheek

Pinguine. Jeni Stewart-Smith. Glas, unglasierte Keramik und runde Glasstücke. 25 x 51 cm. 1997

Dieses einfache, aber schöne Mosaik fängt das lustige Gehabe der Pinguine gut ein. Verwechseln Sie »einfach« nie mit »leicht« – es ist äusserst schwierig, sparsam und dennoch wirkungsvoll zu sein. Die Versuchung ist gross, ein Bild mit überflüssigen Details zu beladen; aber das gelingt selten und verrät eine unsichere Hand.

Wilde Vögel an westlichen Loch Tarbert (Detail). Majorie Knowles. Gesamtgrösse: 168 x 365 cm. 1990

Genaue Beobachtung und sorgfältige Arbeit zeichnen dieses wundervolle, »realistische« Werk aus. Beachten Sie, dass die Künstlerin stets Wert auf kontrastierende Farbtöne zwischen Sujet und Hintergrund legt. Die hervorgehobene Linie am Rücken der dominierenden Gans macht den Vogel plastisch.

Springbrunnen. Elaine M. Goodwin. Keramik, Musivsilber, Glas, Fliesen und Fundgegenstände. 2,5 x 2 m. 1994

Es ist zwar klar zu erkennen, dass der Springbrunnen Wasser speit, aber die Künstlerin hat hier nicht versucht, realistisch zu sein. Statt dessen hat sie sich für eine Symbolik entschieden, welche die Harmonie des Bildes noch verstärkt.

Glückliche Vögel. Jane Muir. Glasschmelze, Marmor, Blattgold, Glas und »Antico«-Mosaik. 92 x 54 cm. 1995

Jane Muir sagt, dieses Mosaik strahle das Glück aus, das man empfindet, wenn man in der Natur lebt und arbeitet. Es ist ein meditatives, lyrisches Werk – die Vögel sehen in der Tat glücklich aus, und wir fühlen uns in den Garten Eden zurückversetzt. Die Arbeiten dieser Meisterin des Mosaiks sehen so einfach aus!

Vögel am Brunnen. Raymond Gordon. Glas und Musivgold. 50 x 90 cm. 1995

Bei den Römern und den byzantinischen Christen waren Vögel, die am Brunnen trinken, ein beliebtes Motiv. Hier hebt sich das lebhafte Blau der Vögel deutlich vom schlichten weissen Hintergrund ab. Man hat den Eindruck, als seien die Vögel gerade erst ins Mosaik hineingeflogen.

Vögel. Tim Turton und Nick Robertson/Art and Design. Glas. 60 x 50 cm. 1995

Auf den ersten Blick handelt es sich hier um ein einfaches Werk. Beachten Sie aber den Kontrast zwischen den Bögen unten links und dem andamento *der beiden Pinguine! Das vertikale* opus *des Hintergrunds verleiht dem Bild Tiefe und betont die Bögen. Der Reiherkopf, der von rechts ins Bild ragt, füllt den Raum; sein spitzer Schnabel lenkt den Blick quer über das Mosaik.*

Die Geschichte der Schalen (Detail). Oliver Budd. Buntglas und Glasierte Keramik. Gesamtgrösse: 6 x 2 m. 1992

Eine einzelne Elster kann unheilverkündend aussehen, zwei wirken eher harmonisch. Das faszinierende Federkleid dieser Vögel mit seinen kontrastreichen Farbtönen macht das Bild sehr dynamisch. Beachten Sie auch den Kontrast zwischen den vertikalen Schwänzen und den horizontalen Linien des Wassers darunter!

Flamingos (Detail). Jeni Stewart-Smith. Glas, bemaltes Glas, unglasierte Keramik und Kabelstreifen. 45 x 30 cm. 1996

Sie können bemaltes Glas für ein Mosaik verwenden, wenn es opak ist, also kein Licht braucht, das durchscheint. Jeni benutzte bemaltes Glas zunächst, weil sie knapp an Material war; heute nimmt sie es, weil es ihr gefällt.

Wilde Vögel am westlichen Loch Tarbert (Detail). Marjorie Knowles. Keramik. Gesamtgrösse: 168 x 365 cm. 1990

Marjories Werke sehen aus wie die eines klassisch gebildeten Malers, der auch Mosaike kreiert hat. Sie ist auf grosse Wandmosaike spezialisiert, so dass sie eine Turnhalle mieten muss, um ihre Entwürfe zu verwirklichen. Je grösser ein Mosaik ist, desto mehr Platz braucht man, um Details sorgfältig auszuarbeiten – und das geniesst diese Künstlerin offensichtlich. Selbst wenn die Farbpalette wie hier recht begrenzt ist, gelingt es ihr, ein Gefühl von Perspektive und Tiefe in dieser weiten Landschaft hervorzurufen.

Wilde Vögel am westlichen Loch Tarbert (Detail).

Hier ist es der Künstlerin hervorragend gelungen, den Eindruck der Ferne hervorzurufen: Die Farben werden allmählich weicher, wenn sie sich dem Horizont nähern. Das opus des Hintergrunds ist ruhig, damit es die Dynamik der fliegenden Gänse und der Austernfänger in mittlerer Entfernung nicht stört.

Wilde Vögel am westlichen Loch Tarbert (Detail).

Das horizontale opus regulatum *des Wassers beruhigt diesen lebhaften Teil, so dass der senkrechte Hals des Vogels dominieren kann. Beachten Sie, wie subtil die Farben des Wassers ineinander übergehen.*

Zwei Tauben. Rosalind Wates. Glas und Musivgold. 19 x 44 cm. 1993

Die Werke dieser Künstlerin sind friedlich und laden zum Nachdenken ein. Sie wirken nicht immer auf den ersten Blick; doch ihre Kraft nimmt bei näherer Betrachtung zu. Die Ruhe dieses Mosaiks wird dadurch verstärkt, dass nur eine oder zwei sorgfältig ausgewählte Farben benutzt werden.

Glückliche Henne. Nicola Haslehurst. Unglasierte Keramik. 13 cm². 1997

Die tränenförmigen Tesserae, die den Körper dieser fröhlichen Henne bilden, sehen aus wie Federn und betonen die Rundlichkeit des Vogels.

Liebesvögel. Emma Ropner. Glas und Rakufliesen. 48 x 25 cm. 1995

Dies war Emmas erstes Mosaik, und sie wurde durch eine Grusskarte dazu inspiriert. Die Fliesen mit den Fischen am unteren Rand machen das Bild noch lebhafter. Das Rot und das Orange der Vögel passen sehr gut zu den Grün- und Blautönen des Hintergrunds.

Kanalvögel. Emma Biggs/ Mosaic Workshop. Glas. 250 x 180 cm. 1995

Das Gefieder der verschiedenen Vogelarten ist hier sehr schön herausgearbeitet. Dank der schlichten Farbpalette fallen die winzigen, kräftigen Tupfer, zum Beispiel das Rot oder Gelb eines Auges, besser auf. Das Wasser ist sehr gut gelungen, und die subtilen Farbwechsel erzeugen einen Eindruck von Tiefe. Einige Vögel werden vom Rand »abgeschnitten«, so dass wir das Gefühl haben, dass sie durchs Fenster schwimmen.

Taube. Sean Lyon/Mosaic Designs. Unglasierte Keramik. 15 cm^2. 1997

Sean hat nur sechs Farben verwendet, und dennoch ist das Mosaik aufregend. Es ist hübsch und kindlich und erinnert mich an die prächtigen Drucke von fliegenden Vögeln, die Georges Braque gegen Ende seines Lebens schuf.

Truthahn. Martin Cheek. Glas. 66 cm Durchmesser. 1995

Dieses Mosaik habe ich nach einer indischen Mogulminiatur aus dem 17. Jahrhundert entworfen; sie sollte als Weihnachtskarte dienen. An der Brust und den Schwanzfedern experimentierte ich mit verschiedenen Schnitttechniken. Es war nicht leicht, aus halbkreisförmigen Tesserae Schichten herzustellen und einen natürlich aussehenden Schwanzfächer zu formen. Aber gerade diese beiden Elemente machen das Mosaik interessant.

Pelikan. Martin Cheek. Glas, Musivsilber und Spiegelglas. 123 x 82 cm. 1995

Dieses Mosaik ist meine fröhliche Antwort auf den spektakulären Bedrohten Schwan *von Jan Asseyn im Amsterdamer Rijksmuseum. Die Herausforderung bestand darin, ihn möglichst einfach zu machen. Die Betrachtenden sollten das Gefühl haben, dass die eindrucksvollen Flügel auf sie zukämen.*

Kranich mit Goldhaube 1.
Martin Cheek. Glas und Musivgold.
66 cm Durchmesser. 1996

Dieser Vogel sieht pompös aus, aber in Wirklichkeit ist er überaus scheu, wenn man ihn aufschreckt. Die malven- und rosafarbene Halslinie ist übertrieben, damit sie sich gut vom dunklen Purpur des Körpers abhebt. Das Gras habe ich vom untersten Blatt an rückwärts eingelegt.

Kranich mit Goldhaube 2.
Martin Cheek. Glas und Musivgold. 34 cm Durchmesser. 1997

Es machte mir Spass, an der Haube des Kranichs 1 zu arbeiten, und darum beschloss ich, einen weiteren Kranich zu machen, diesmal von vorne gesehen. Er erinnert unabsichtlich an die Heiligenscheine byzantinischer Ikonen.

Pfau. Martin Cheek und Susan Goldblatt. Glas und Musivgold. 140 x 120 cm. 1994

Dieses Stück ist eines von zweien, mit denen wir die Wand einer Schwimmhalle schmückten. Wir brauchten Monate dafür, weil drei Viertel des Mosaiks aus »angeknabberten« Steinen bestehen, die wir alle peinlich genau zuschneiden mussten, damit sie ins Bild passten.

Pfau (Detail).

Es war ziemlich schwierig, den Kopf vom lebhaften Hintergrund abzuheben. Darum ordneten wir die Augen der Schwanzfedern so an, dass sie den Kopf und den Hals nicht stören. Der Kopf drückt die Eitelkeit dieses majestätischen Vogels aus.

Pfau (Detail).

Wir mussten die Augen der Schwanzfedern in einer genau festgelegten Reihenfolge einlegen, um eine gute Wirkung zu erzielen. Zuerst formten wir so präzise wie möglich die gelbe Einfassung, dann das dunkelblaue U in der Mitte und das hellere Blau des äusseren Kreises. Zum Schluss füllten wir das Orange und Braun ein. Man sollte immer entscheiden, was »Sujet« und was »Hintergrund« ist, und das »Sujet« zuerst einlegen, damit es dominiert. Hier war der blaue Kreis wichtiger als der orangefarbene »Hintergrund« und der chromgrüne Federkiel hatte Vorrang vor dem grün geäderten Hintergrund.

Ägyptischer Fries (1 und 2). Martin Cheek.
Glas. 46 x 30 cm. 1994

Ich liebe die Direktheit der ägyptischen Malerei. Vor allem die Vögel und Tiere sind entzückend und stellen oft Meisterwerke der reinen Zeichenkunst dar. Diese beiden Stücke wollte ich allmählich zu einem Fries von unbestimmter Länge erweitern. Die Hieroglyphen habe ich so ausgewählt, dass sie in die Komposition passen; sie haben also keine bestimmte Bedeutung.

Krähen (1 und 2). Martin Cheek.
Marmor. 46 cm². 1995

Oft legt das Material ein Sujet nahe. Diese Vögel habe ich gemacht, weil ich reichlich schwarzen Granit mit winzigen, funkelnden Mineralpartikeln besass, der mich an einen glitzernden Krähenrücken erinnerte. Die schlichten Partien sind nützlich, weil sie die subtilen Übergänge zwischen den Farben ermöglichen, denen das Mosaik seine Schönheit verdankt.

Vogel. Rajo Taylor-Smith. Keramik und Spiegelfliesen. 31 cm^2. 1996

Wie Elaine Goodwin ist Rajo eine Künstlerin, die sich von Indien inspirieren lässt. Das ist in diesem eleganten Werk offensichtlich, das vor allem von der Klarheit und Einfachheit der Farben und des Designs profitiert, wie man sie auch auf indischen Tuchen sieht.

Kranich (Detail eines Fussbodenmosaiks). Rosalind Wates. Unglasierte Keramik. Gesamtgrösse: 5 m^2. 1992

Wie finden Sie heraus, ob Ihr Entwurf wirkungsvoll ist? Stellen Sie sich die Form des Sujets als Silhouette vor. Sowohl der Kranich (Teil des Bodenmosaiks in einer Küche) als auch der Kormoran unten sind klar und unkompliziert geformt. Darum ist das fertige Mosaik so ansprechend.

Kormoran (Detail). Rosalind Wates.

Ein schlichtes und doch wirkungsvolles Mosaik. Das opus des Hintergrunds betont die Pose dieses Vogels; das opus vermiculatum erzeugt einen Haloeffekt und betont die fliessenden Linien des Mosaiks.

Keltische Tischplatte. Jeni Stewart-Smith. Glas. 76 cm Durchmesser. 1994

Die drei Köpfe drehen sich geschickt um den inneren Kreis dieser Platte. Der »negative« Raum, den sie erzeugen, erinnert an ein Feuerrad und vermittelt uns den Eindruck einer sich drehenden Scheibe.

Falke (Detail). Jeni Steward-Smith. Glas. 63 cm Durchmesser. 1984

Hier hat die Künstlerin auf die üblichen Würfel zugunsten von langen, dünnen Scherben verzichtet, um die Federn des Raubvogels darzustellen. Das Mosaik wirkt dadurch »stachelig« und aggressiv und erinnert uns daran, dass mit diesem Vogel nicht zu spassen ist. Beachten Sie, dass der Hintergrund ähnlich wie das Gefieder gearbeitet ist.

Falke und Scheiben. Rebecca Newnham. Buntglas, Blattgold und Blattsilber. 150 x 100 cm. 1996

Dieses von der ägyptischen Kunst inspirierte Mosaik auf einer Skulptur gleicht einem köstlichen Juwel und wirkt gleichzeitig majestätisch – es ist eines königlichen Vogels würdig.

Wiedehopf. Emma Biggs/Mosaic Workshop. Marmor. 100 x 75 cm. 1996

Dieses schöne Mosaik beweist, dass man selbst mit wenigen Farben Klarheit erreichen kann. Der orangefarbene Marmor passt perfekt zum Wiedehopf.

TIERE

Der Anfang aller Kunst waren Tierbilder. Das Tierreich inspiriert künstlerisch Tätige schon seit vorgeschichtlichen Zeiten – und das gilt auch für Mosaizistinnen und Mosaizisten. Die ältesten Mosaike zeigen mythische Geschöpfe, halb Mensch, halb Tier,

sowie die stets beliebten Drachen und Einhörner. Mosaizistinnen lassen sich aus verschiedenen Gründen von Tieren inspirieren – von ihrem individuellen Charakter (das gilt z. B. für Vanessa Bensons *Elefanten*, Seite 50), ihrer dynamischen Bewegung oder dem faszinierenden Muster ihres Körpers (siehe die Falter auf Seite 55). Einerlei, welches Motiv die Künstlerin wählt, im Reich der Tiere findet sie immer Anregungen.

Sibirischer Tiger. Jeni Stewart-Smith. Glas. 30 x 45 cm. 1983

Hier hat Jeni auf die vertrauten Würfel zugunsten spitzer Dreiecke und Diamanten verzichtet. Sie passen ihrer Meinung nach besser zum fliessenden Tigerpelz. Dieses Material ist viel heikler und zeitraubender, da jedes Stück exakt geschnitten werden muss.

Brasilien (Detail). Marjorie Knowles. Mexikanisches Glas. Gesamtgrösse: 39 m^2. 1997

Es gibt gewiss nicht viele Mosaike, auf denen der Tapir, ein entfernter Verwandter des Elefanten, zu sehen ist. Dieses dynamische Werk mit seinem ungewöhnlichen Blickwinkel ist ein wahrer Augenschmaus. Von dem roten Klecks in der Blume rechts profitiert das gesamte Bild; es wirkt dadurch noch farbenfroher.

TALIESIN-MOSAIK

LAND. Die Geschichte der vielen Metamorphosen hat mich besonders beeindruckt. Ceridwen, die Hexe, jagt den Knaben Gwion. Er verwandelt sich in einen Hasen und sie verfolgt ihn als Hund. Dann wird er zum Lachs, sie zum Otter, und als er in Gestalt eines Vogels flieht, wird sie zum Raubvogel. Ich gebe den individuellen Charakter von Tieren gerne in meinen Mosaiken wider und es reizte mich, drei Tiere mit derselben Persönlichkeit darzustellen.

Taliesin-Mosaik. Martin Chase mit Sylvia Bell, Susan Goldblatt, Andrew Higgins, Gary Campbell und den Leuten von Machynnlleth, Wales. Glas und Naturstein. Gesamtgrösse jeder Tafel: 240 x 120 cm. 1996

Dieses dramatische Triptychon stellt die bekannte walisische Sage von Taliesin dar. Die Ereignisse spielen sich an Land, im Wasser und in der Luft ab, so dass die Dreiteilung ganz natürlich war.

WASSER. Das Wasser, das im mittleren Bild vom Lachs und vom Otter tropft, besteht aus gebrochenem Spiegelglas mit Musivsilber, der Hintergrund aus lebhaftem blauen Glas.

LUFT. Susan Goldblatt hat ein sehr gutes Gefühl für Landschaften, wie man an diesem Hintergrund sieht. Der Eindruck des Fliegens wird dadurch verstärkt, dass die Betrachtenden sich auf gleicher Höhe wie die Vögel befinden und auf das Tal herabblicken. Der Bussard ist dem amerikanischen Künstler Audubon nachempfunden, der im 19. Jahrhundert herrliche Landschaftsbilder malte. Das Auge des Bussards ist ein Stück Keramik, das ich formte und anschliessend brannte.

Indischer Elefant. Sylvia Bell. Unglasierte Keramik und gebrannte Fliesen. 50,5 cm². 1996

Denken Sie daran, dass man dasselbe Thema sehr unterschiedlich behandeln kann. Diese drei Elefanten sind ganz verschieden interpretiert. Das komplizierte Muster der Decke besteht aus vorgeformten und gebrannten Fliesen. Die Farben auf dem Tuch Indian Summer *der Innenarchitektin Jane Churchill inspirierten die Farben dieses Werkes.*

Elefant. Jean Lyon/Mosaic Designs. Unglasierte Keramik. 15 cm². 1997

In scharfem Kontrast zu den beiden anderen Elefanten ist dieses fröhliche Bild bewusst kindlich angelegt.

Junger Elefant. Vanessa Benson. Marmor. 42 x 26 cm. 1990

Vanessas Arbeiten strahlen Ruhe aus und sind immer sehr schön gearbeitet. Dieser verspielte Elefant wirkt nahezu lebensecht.

Hund. Rosalind Wates. Glas und Blattgold. 82 x 54 cm. 1991

Dieses Mosaik fasziniert durch die Teilung des Hintergrundes in zwei Hälften. Der weisse Teil erscheint dadurch noch heller.

Windhunde. Kathleen Stone Sorley. Marmor und Musivgold. 41 x 64 cm. 1995

Eine interessante Studie zweier Hundegefährten. Die beschränkte Farbauswahl macht das Bild zweifellos eindrucksvoller und plastischer. Das Musivgold im Halsband des Hundes hebt sich von der subtileren Undurchsichtigkeit des Natursteins deutlich ab.

Tierfarm (Wandmosaik). Elaine M. Goodwin und Gruppe 5. Glas und Blattgold. 81 x 53 cm. 1995

Diese Tiere wurden den berühmten römischen Mosaiken entlehnt und in eine aufregende neue Umgebung versetzt. Keramikdeckel als Früchte sind eine witzige Idee. Der weite, schlichte Hintergrund hat eine gute, kräftige Textur und wirkt dadurch interessanter. Das opus vermiculatum *bleibt jedoch immer rein.*

Meditative Kröte und Eintagsfliege. Martin Cheek. Glas und Buntglas. 120 x 51 cm.

Kröte und Fliege bestehen aus Buntglas, das sich 1 cm vom Hintergrund aus einfachem Glas abhebt. Auf das Brett, das als Unterlage dient, habe ich etwas Wasserfarbe aufgetragen, damit der Hintergrund malerisch und »luftig« aussieht.

Die Sage vom wilden Eber. Marjorie Knowles. Keramik. 244 x 152 cm. 1989

Dieses fast lebensgrosse Werk ist realistischer als jedes römische Mosaik. Da der Keiler vom Rand abgeschnitten wird, scheint er aus dem Bild herauszuspringen. Der Eindruck von Tiefe in diesem Meisterwerk ist erstaunlich.

Das Grizedale-Mosaik (Detail). Rosalind Wates. Schiefer, Quarz, oxidierter Steinschutt. Gesamtgrösse: 6 m^2. 1992

Die zerbrochenen Fliesen mit ihrer eigenen Textur wirken interessant. Das Mosaik besteht aus recht grossen Stücken. Der Hirsch sieht auf den ersten Blick wie naive Malerei aus; bei näherem Hinsehen erkennt man jedoch, wie präzise seine Umrisse sind.

Das Grizedale-Mosaik (Detail). Rosalind Wates.

Dieser Otter hat eine sorgfältig herausgearbeitete Form mit minimaler Tönung. Bei solchen Bildern ist es äusserst wichtig, dass das Sujet gute, klare, fliessende Umrisse hat.

Gecko. Martin Cheek. Buntglas und handgemachte, gebrannte Fliesen. 107 x 51 cm. 1996

Die blauen Raku-Würfel im Hintergrund wurden alle mit der gleichen Glasur gebrannt. Da dieser Prozess jedoch unendlich variabel ist, kann man damit eine grosse Vielfalt von Farbtönen erzielen. Ich formte zuerst einen Musterwürfel, machte von ihm eine Gussform und goss dann Platten aus weissem Porzellan, deren Unterseiten ich glasierte und in Würfel brach.

Grüner Gecko. Martin Cheek. Glas. 90 x 41 cm. 1990

Dies ist einer meiner ersten Versuche mit Mosaiken. Dadurch, dass ich auf die »Aktionslinie« des Geckos achtete und den Hintergrund nach dem Tier einlegte, gelang mir ein andamento *in einer umgekehrten S-Form.*

Falter. Emma Biggs/ Mosaic Workshop. Marmor. 75 cm Durchmesser. 1993

Dieses Mosaik erinnert an die dekorativen Arbeiten des französischen Künstlers E. A. Seguy um 1920. Die karge Farbpalette veranlasst den Betrachter, sich auf das Muster und die Form der Falter zu konzentrieren; die runde Form und der Umstand, dass die Falter vom Rand abgeschnitten werden, erweckt den Eindruck, als blicke man durch ein Mikroskop.

Feuersalamander. Martin Cheek. Marmor. 46 cm². 1995

Noch ein Beispiel für ein opus musivum. *Die Aktionslinie des Hauptmotivs setzt sich in den Hintergrund hinein fort. Obwohl der grösste Teil dieses Mosaiks aus schlichtem Hintergrund besteht, machen es die subtilen Variationen der natürlichen Marmorfarben interessant.*

LANDSCHAFT

Das Mosaik hat seine eigene Geschichte. Römische Mosaizisten benutzten oft Marmor und Keramik, um Landschaften zu gestalten, die als Trompe-l'oeil die Wände und Böden ihrer grossen Villen schmückten. Die erhaltenen Kieselmosaike aus Andalusien, das vom 6. bis zum 14. Jahrhundert das maurische Zentrum der Kunst und Kultur war, zeigen herrliche, frei fliessende Blumenmuster neben den älteren geometrischen Formen.

Lebensbaum. Del Palmer. Glas. 290 x 360 cm. 1995

Die Keramik von Clarice Cliff war das Vorbild dieses Mosaiks.

Winter. Emma Biggs/Mosaic Workshop. Glas. 1 m^2. 1996

Dieses grossartige Werk verrät herausragendes zeichnerisches Können. Besonders gut gefällt mir die subtile, kühle Farbwahl, die einen so winterlichen Eindruck erweckt.

Goldene Sonne. Toby Mason.
Gefärbtes Spiegelglas. 56 x 15 cm. 1996

Obwohl die Tesserae hier gefärbtem Glas ähneln, weil das Licht nicht hindurch, sondern darauf scheint, handelt es sich um ein Mosaik. Die Tesserae wurden nach dem üblichen Mosaikverfahren hergestellt und auf gegossenem Zement mit schwarzem Mörtel ohne Sand eingelegt. Sie sind undurchsichtig, sehen jedoch transparent aus, weil der gefärbte Spiegel das Licht reflektiert.

Sonne mit blauen Wolken.
Toby Mason. Gefärbtes Spiegelglas.
56 x 15 cm. 1996

Achten Sie darauf, wie der Künstler die dunklen Farbtöne am Rand des Bildes nutzt, um den Blick zum Licht in der Mitte zu lenken.

Purpursonne. Toby Mason. Gefärbtes Spiegelglas. 15 x 56 cm. 1996

Es ist interessant, wie nahe dieses Mosaik einem abstrakten Bild kommt. Es gibt nur wenige Hinweise, die uns helfen, Berge und Felder zu identifizieren.

Sonnenuntergang. Toby Mason. Gefärbtes Spiegelglas. 15 x 56 cm. 1996

Anstatt kleine Rechtecke zu benutzen, hat der Künstler sich hier für grosse, präzise geschnittene Stücke entschieden, um eine grossartige Landschaft zu gestalten. Auf all diesen Mosaiken bestimmt die zarte Patina des gefärbten Glases die Form.

Wasserkraft. Jane Muir. Buntglas, Fliesen und handgemachte Glasschmelze. 100 x 45 cm. 1979

Jane Muir interessiert sich vor allem für Struktur, Textur, Farbe und reflektiertes Licht, wobei die Natur ihr als Vorbild dient. Sie konzentriert sich auf die Natur selbst, nicht auf bestimmte Landschaften. Dies war ein Privatauftrag mit dem Thema »Bewegung des Wassers«. Das andamento *spiegelt frei fliessendes Wasser wider.*

Für und wider (Versuchsmosaik). Jane Muir. Schiefer, Buntglas und Stein. 74 x 56 cm. 1980

Im Auftrag einer Universität versuchte Jane Muir, ein Mosaik mit dem Thema »akademische Debatte« zu machen. Sie bemüht sich, tiefer zu dringen und die innere Bedeutung der Landschaft zu ergründen. Die Texturen dieses Werks bilden ein Relief, und der erhabene Teil des Kreises aus Schieferplatten erzeugt ein Schattenmuster, das einen dreidimensionalen Eindruck erweckt.

Gwynedd. Jane Muir. Grüner Schiefer, Buntglas, Blattgold und handgemachte Glasschmelze. 31 x 92 cm. 1979

Die Künstlerin stellt die einzelnen Elemente so lange um, bis sie mit dem Ergebnis zufrieden ist. Dieses Mosaik konzentriert sich auf die walisische Landschaft am Berg Snowdon. Jane hat die Mooskissen der Einheimischen genau studiert und ihre Eindrücke verwertet. Das Mosaik erinnert an ein Luftbild.

Früchte. Jane Muir. Buntglas und handgemachte Glasschmelze. 30 cm². 1994

Hier besteht eine faszinierende Spannung zwischen dem glanzlosen, harten Schiefer und Naturstein einerseits und dem Glanz des spiegelnden Buntglases andererseits. Das Thema dieses Arbeit ist ein Obstgarten.

Lebensbaum – wer hofft, kann ohne Musik tanzen.

Elaine M. Goodwin. Marmor, Buntglas, altertümliches Musivgold und Spiegelglas. 1 m². 1996

Die Künstlerin hat sich von einem japanischen Sprichwort inspirieren lassen. Der Lebensbaum interpretiert diese zeitlose Weisheit. In Elaines Werk kommen Bäume häufig vor; sie symbolisiert mit ihnen ihre persönliche spirituelle Botschaft.

Sanddünen. Clare-Marie Hill. Keramikfliesen. 142 x 90 cm. 1994

Wogende Sanddünen, die der Wind und die Zeit geschaffen haben, formen diese Landschaft. Statt der üblichen klaren Linien aus fliessenden, regelmässigen Würfeln besteht hier jedes Feld aus unregelmässigen Fliesen. Dank der sorgsam ausgewählten Farben ist der Gesamteindruck faszinierend.

Luftbild. Tessa Hunkin/Mosaic Workshop. Glas. 450 cm^2. 1993

Dieses Mosaik gleicht einem Flickenteppich. Es ist von Erinnerungen an das Meer, an die Küste und an die Felder und Bäume in Ufernähe inspiriert.

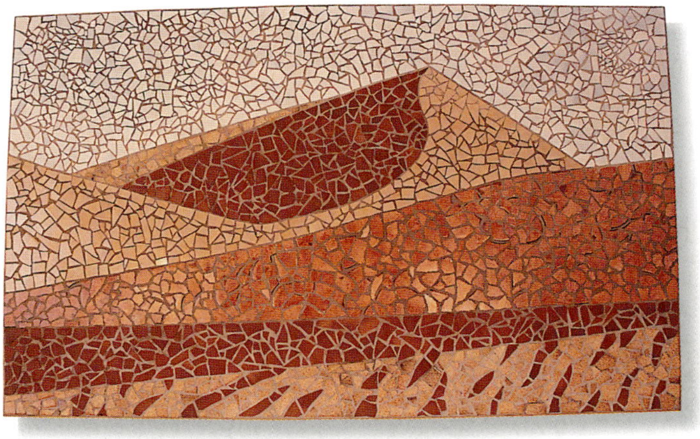

Blumenladen.
Oliver Budd. Buntglas und geschnittene Fliesen. 555 x 321 cm. 1990

Dies ist ein Fest aus Blumen in hellen Farben, das in Auftrag gegeben wurde, um eine dunkle, bedrückende Unterführung aufzuhellen.

Winde.
Nick Robertson/Tim Turton/Art und Design. Glas. 28 x 38 cm. 1996

Mir gefällt dieses einfache, entzückende Mosaik sehr. Die Farben sind fröhlich und klar und heben sich gut von dem dunklen Hintergrund ab. Die blauen Tesserae in den Blütenblättern betonen das Weiss.

Bäume. Vanessa Benson. Marmor und unglasierte Keramik. 200 x 70 cm. 1995

Dieses Mosaik wurde von mittelalterlichen Gartenzeichnungen inspiriert. Die Künstlerin bemüht sich, Muster und Markierungen freizulegen, während sie die Steine bricht.

Seerose. Vanessa Benson. Buntglas und Marmor. 30 x 18 cm. 1996

Die Künstlerin hatte den Auftrag, diese gefährdete Pflanzenart darzustellen. Da die Seerose nur zwei Tage lang blüht, musste Vanessa historische botanische Zeichnungen als Vorlage verwenden. Buntglas mit seinen subtilen Übergängen zwischen hellen Farben und Pastellfarben ist das ideale Medium für dieses zarte und gefühlvolle Mosaik.

Gänseblümchen. Del Palmer. Glas. 48 cm Durchmesser. 1996

Eines von drei Mosaiken aus einer Serie von dekorativen Pflastersteinen für einen Blumengarten.

Iris. Del Palmer. Glas. 48 cm Durchmesser. 1996

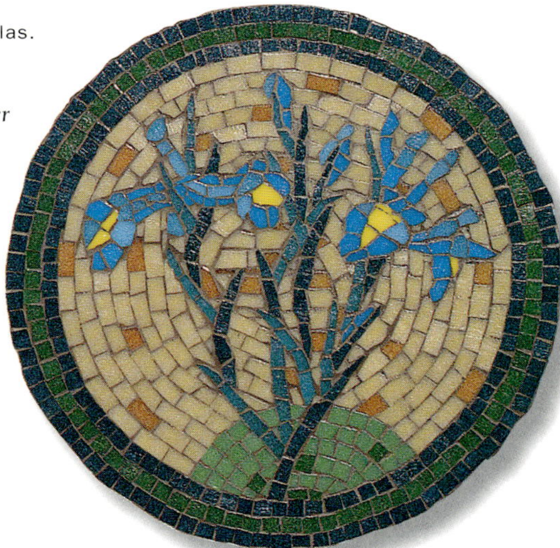

Tulpen. Del Palmer. Glas. 48 cm Durchmesser. 1996

Sonnenblumentisch. Elizabeth Raybee. Keramikfliesen. 71 cm Durchmesser. 1994

Dieses Mosaik wurde von einem Fliesendepot inspiriert, das von einem umgebauten Art-Déco-Wohnhaus übriggeblieben war.

DIE WELT DES MENSCHEN

Die menschliche Gestalt prägt die Geschichte des Mosaiks.

Die Römer liebten es, sich selbst bei der Arbeit und beim Spiel darzustellen. Später hoben die religiösen Mosaike der byzantinischen Epoche die Darstellung des menschlichen Gesichts auf eine spirituelle Ebene. Die Gestalt des Menschen ist für jeden Künstler die grösste aller Herausforderungen, und das Zeichnen lebender Modelle wird heute noch in Kunstschulen gelehrt, weil es Proportion, Perspektive, Form, Farbe und Farbtöne umfasst.

▲ **Stilisiertes Porträt.** Trevor Caley. Terrakotta- und Keramikbruchstücke. 70 x 60 cm. 1984

Ein vorzügliches Beispiel für ein realistisches Mosaik. Aus einiger Entfernung verschmelzen die subtilen Farbtöne der Haut miteinander und erzeugen ein überaus lebensechtes Bild.

▶ **Pulcinella.** Martin Cheek. Glas, unglasierte Keramik, Buntglas, Spiegelglas, gebrannte Fliesen. 92 x 138 cm. 1993

Dies ist ein gutes Beispiel dafür, dass ein Mosaik sehr von unterschiedlichem Material profitieren kann. Da die unglasierte Keramik das Licht nicht reflektiert, tritt der Schachbrettboden optisch zurück und hebt die spiegelnde Fläche der anderen Materialien hervor.

Kastor und Polypenkes. Rebecca Newnham. Glas, Musivgold und Blattsilber. 80 cm Durchmesser. 1993

Die Mosaike von Rebecca Newnham sind oft sehr sinnlich, so wie in diesem schönen Beispiel.

Jungfrau. Tessa Hunkin/Mosaic Workshop. Marmor. 2 m Durchmesser. 1995

Die fliessenden Linien dieser lieblich-üppigen Gestalt beherrschen den gerundeten Raum auf sehr attraktive Weise.

Sie. Elaine M. Goodwin. Buntglas, Carrara-Marmor, altertümliches Musivgold. 105 cm^2. 1995

Dieses Werk gehört zu einem Paar mit dem Titel Er und Sie. *Es wurde von klassischen Skulpturen inspiriert.*

Folgende Seiten: **Prometheus stiehlt Feuer vom Himmel.** Marjorie Knowles. Keramikfliesen. 168 x 365 cm. 1997

Dieses prachtvolle Mosaik hängt an der Wand einer Firma, die feuerfeste Ausrüstung herstellt – ein passender Platz für Prometheus, der Feuer vom Himmel stiehlt.

Fortschritt. Tessa Hunkin/Mosaic Workshop. Glas. 9 x 6 m. 1993

Diese allegorische Gestalt, die ins Licht schaut, ist schamlos modern im Stil und die subtilen Blau- und Grüntöne sind exquisit. Das Muster des Hintergrundes betont das königliche Aussehen der Figur.

Männerkopf. Tessa Hunkin/Mosaic Workshop. Glas. 350 cm². 1996

Dieses Mosaik wirkt wundervoll plastisch. Es erinnert an die riesigen Steinköpfe der Bildhauerin Elizabeth Frink. Mir gefällt es, wie die dunklen Bereiche mit den hellen kontrastieren, so dass kräftige, vertikale Bänder entstehen, die das vertikale opus regulatum *betont. Sie tragen dazu bei, eine gespannte, lakonische Stimmung zu erzeugen.*

Frauenkopf. Tessa Hunkin/Mosaic Workshop. Glas. 350 cm². 1996

Diese Dame sieht künstlerisch, nachdenklich und ätherisch aus. Wir spüren, dass dies mehr als ein Frauenkopf ist – es ist ein echtes Porträt, das Bände über die Frau spricht.

Vier Jahreszeiten – Herbst. Tim Turton/Nick Robertson/Art und Design. Glas und Buntglas. 160 x 80 cm. 1996

Die zarten Herbstfarben rufen die Jahreszeit wach. Die Kürbisse sind ein dekoratives Element, und die gelben Streifen springen geradezu aus dem Braun hervor und verleihen dem Mosaik Tiefe. Die fast verborgene menschliche Gestalt hinter den Früchten und Gemüsen unterstreicht deren Fülle.

Vier Jahreszeiten – Herbst (Detail). Tim Turton/Nick Robertson

Dieses schön gezeichnete Porträt zeigt, wie viele subtile Farbtöne man erhält, wenn man Glas mit Buntglas mischt.

Kapellenwand (Detail). Oliver und Kenneth Budd. Buntglas und geschnittene Fliesen. 18,5 m². 1989

Dieses Werk ist eines aus einer Serie von acht Mosaiken, die das Leben einer walisischen Gemeinde um die Jahrhundertwende darstellen.

Indonesische Figur. Liz Simms. Buntglas und Spiegelglas. 72 x 48,5 cm. 1996

Dieses Mosaik ist einem traditionellen Wandteppich nachempfunden, es erinnert aber auch an die Kunst der australischen Ureinwohner. Die subtilen Farbtöne der hellen Glasstücke machen das Bild lebhafter, und dank des spärlich benutzten Goldes ist die Figur beinahe ein Schmuckstück.

Glückliche Wäscherin. Cleo Mussi. Porzellanabfälle auf emaillierter Schale. 56 cm Durchmesser. 1992

Cleo Mussi entwarf ursprünglich Stoffe, und sie sagt, der Wechsel zu Porzellan sei eine natürliche Entwicklung gewesen. Sie arbeitet spontan und lässt sich von den gemusterten Bruchstücken inspirieren. Das Ergebnis ist oft lustig und etwas unruhig.

Vor und nach Schulmahlzeiten. Cleo Mussi. Porzellanabfälle. 60 x 80 cm. 1992

Dieses Kopfpaar ist Teil einer Serie für eine Kantine. Die ursprünglichen Muster der einzelnen Fragmente werden aus ihrem Kontext genommen und zu bizarren Ikonen umgeformt, die schön, lustig und absurd zugleich sind.

Mexikanischer Brunnen. Cleo Mussi. Porzellanabfälle. 122 x 41 x 41 cm. 1993

Hier hat die Künstlerin ihre früheren Arbeiten weiterentwickelt, indem sie gerundete Tafeln hinzugefügt hat. Die Farben sind von der Baukunst des Jemens beeinflusst. Der Umstand, dass dieses Werk ein echter Brunnen ist, macht es noch surrealistischer.

Salti eines Kaspers.
Martin Cheek. Glas, Buntglas, gebrannte Fliesen. Jede Tafel 50 x 48 cm gross. 1993

Diese lebendig wirkende Bildreihe zeigt, dass ich Erfahrung als Marionettenspieler habe. Die gebrannten Fliesenstücke betonen die Kontinuität und Kaspers schalkhaften Charakter. Ich habe diese Serie sehr schnell gezeichnet und mich bemüht, diese Spontaneität beizubehalten, obwohl ich für die Mosaike sechs Wochen brauchte.

Pierrot, Pulcinella und Harlekin. Martin Cheek. Glas. 128 x 95 cm. 1993

Der Reifen war eine glückliche Idee, denn er bildet den Ausgangspunkt eines Wirbels, und die Pose der beiden äusseren Gestalten formt ebenfalls einen Kreis. Pierrot, ganz links, ist ein gutes Beispiel dafür, wie man eine Figur mit »Schlüssellinien« aufbaut. Der dicke Rand ist hier wichtig, weil er den Rhythmus durchbricht und das kreisförmige andamento *des Mosaiks betont.*

Jugendstilfrau Nr. 1. Greg Kirrish. Marmor und Glas. 67 x 46 cm. 1996

Dieses Bild wiederholt sich selbst, aber es ist interessant, dass wir nur das zweite Paar anzuschauen brauchen, um uns eine kontinuierliche Reihe von Köpfen vorzustellen. Die Extravaganz des Jugendstils eignet sich besonders gut für Mosaike.

Propheten. Tessa Hunkin/Mosaic Workshop. Buntglas. 23 x 40 cm. 1996

Dieses hübsche, nonchalante Mosaik erinnert an mittelalterliche Wandteppiche oder Glasmalerei. Die Figuren haben eine starke Wirkung, obwohl sie nur wenig Konturen und keine Gesichtszüge aufweisen und allein in ihren Zellen stehen.

Brunels Bristol (Detail aus der Heritage Passage, Bristol). Julian George/Ravenna Arts. Glas. Gesamtgrösse: 630 x 250 cm. 1994

Dieses Mosaik fasst das umfangreiche Thema »Technik« in einem einzigen Bild zusammen.

Glaswerke Cheese Lane (Detail aus der Heritage Passage, Bristol). Julian George/Ravenna Arts

Dieses Mosaik ist sauber und detailgenau. Der Vergleich zwischen den Glasgefässen und den Schornsteinen der Glaswerke ist recht humorvoll.

Glasbläser (Detail aus der Heritage Passage, Bristol). Julian George/Ravenna Arts

Der kraftvoll plastische Stil dieser Künstler passt besonders gut zu Rundansichten, also zu Mosaiken, die öffentliche Plätze fröhlicher machen sollen. Sie wirken auf den ersten Blick wie gedruckte Plakate, haben aber den Vorzug sorgfältiger Detailarbeit.

Die Rettung der Bergarbeiter (Detail). Oliver Budd. Buntglas und geschnittene Fliesen. 691,5 x 168 cm. 1996

Das Mosaik stellt eine Katastrophe dar. Auf diesem Teil entdeckt die Rettungsmannschaft die verschütteten Bergarbeiter. Das Stück gehört zu einem Triptychon, das Stimmungen vor allem mit Farben ausdrückt: Platzangst mit Natriumgelb, Gefahr mit rotem Licht und die Freude über die Rettung mit hellblauem und weissem Licht.

Die Rettung der Bergarbeiter (Detail). Oliver Budd

Auf diesem Detail ist das schreckliche Gefühl, eingeschlossen zu sein, auf dramatische Weise dargestellt.

Kopf einer indischen Dame. Rajo Taylor-Smith. Glas, Spiegelglas, Buntglas und gebrannte Fliesen. 21 x 23,5 cm. 1995

Rajo ist Textildesignerin. Sie reist regelmässig nach Indien und bringt Ideen und Stoffe mit. Dieser Kopf strahlt die gleiche Gelassenheit aus wie die indische Miniaturmalerei. Die türkisfarbenen und weissen Rakufliesen des Kleides mit ihrer rissigen Patina und den subtilen Farbübergängen ist entzückend.

Römische Badszene (Detail). Rosalind Wates. Glas. 150 x 180 cm. 1987

Dieses Mosaik zeigt, wie vielseitig Rosalind Wates ist. Hier haben wir den Eindruck, dass die Frau in einiger Entfernung von uns steht.

Indische Frau mit Papagei. Rajo Taylor-Smith. Unglasierte Keramik. 50 x 67 cm. 1997

Ein friedliches, sanftes und hübsches Mosaik in den weichen, irdenen Farben, die typisch für Indien sind. Das opus musivum *des Hintergrunds verleiht dem Bild ein lyrisches Aussehen. Dass das Kleid ähnlich gesprenkelt ist wie die Umgebung, ist eine geistreiche Idee – es trägt dazu bei, dass das Mosaik einheitlich wirkt.*

Somalifrau. Jo Staniland. Glas und Musivgold. 21 x 31 cm. 1995

Dieses Mosaik erlaubt einen interessanten Vergleich mit dem indischen Frauenkopf oben. Das Gesicht ist sehr kraftvoll und strahlt Würde aus, obwohl es sehr einfach gearbeitet ist. Das Musivgold schmückt und veredelt das Bild.

Stan Valler. Trevor Caley. Keramik. 60 x 70 cm. 1989

Obwohl dieses Werk an die grossartigen Porträts in den römischen Mosaiken erinnert, macht es einen wundervoll zeitlosen Eindruck.

Zahlen im Untergrund 1 und 2. Clare-Marie Hill. Keramikfliesen. 32 x 104 cm. 1996

Ohne die einfachen menschlichen Silhouetten in dieser Landschaft wäre das Bild abstrakt. Die Mosaikstücke sind unten klein und werden nach oben hin allmählich grösser. Damit ruft die Künstlerin den Eindruck hervor, als befinde sich oben im Bild und jenseits des Mosaiks ein grösserer Raum.

Minerva. Marjorie Knowles. Keramik. Etwa 150 x 90 cm. 1986

Auch Minerva ist ein faszinierendes Werk dieser hervorragenden Künstlerin. Sie schuf es für einen Waggon des Orientexpress und gab ihm den Namen der römischen Göttin des Krieges und der Wissenschaft. Für ein solches monochromes Mosaik braucht man viel Geschick und Geduld.

Dionysos. Rosalind Wates. Unglasierte Keramik. 90 cm Durchmesser. 1994

Dieses heitere Mosaik ist eine plastische, moderne Interpretation des römischen Stils. Es feiert das zeitlose Vergnügen des Weintrinkens.

ABSTRAKTE WERKE

ABSTRAKTE KUNST ist nicht-gegenständlich. Manche Künstler wollen damit eine Stimmung oder eine starke Emotion einfangen. Der Titel des

Stückes gibt oft einen Hinweis auf seine Bedeutung; doch wenn ein Bild keinen Titel hat, können wir es nach Belieben interpretieren. Die Kommentare zu den folgenden Werken geben meine persönlichen Eindrücke wieder. Viele Mosaike in diesem Kapitel sind rein dekorativ.

Zickzack-Serien, Tafel 8 (Detail). Lynn Denton. Handgemachte Fliesen und Mosaik

Die Aufdringlichkeit dieses Zickzackmusters erinnert an Musik, an Jazz. Ein Bankunternehmen hatte dieses unverschämt laute Stück in Auftrag gegeben.

Atahualpas Traum. Toby Mason. Glas. 53 x 41 cm. 1922

Mason beschreibt dieses Mosaik als »Agatscheibe, umgeben von einem Bewusstseinsstrom aus dem Sammelalbum«. Seine Inspiration nennt er eine »glückliche Eingebung«.

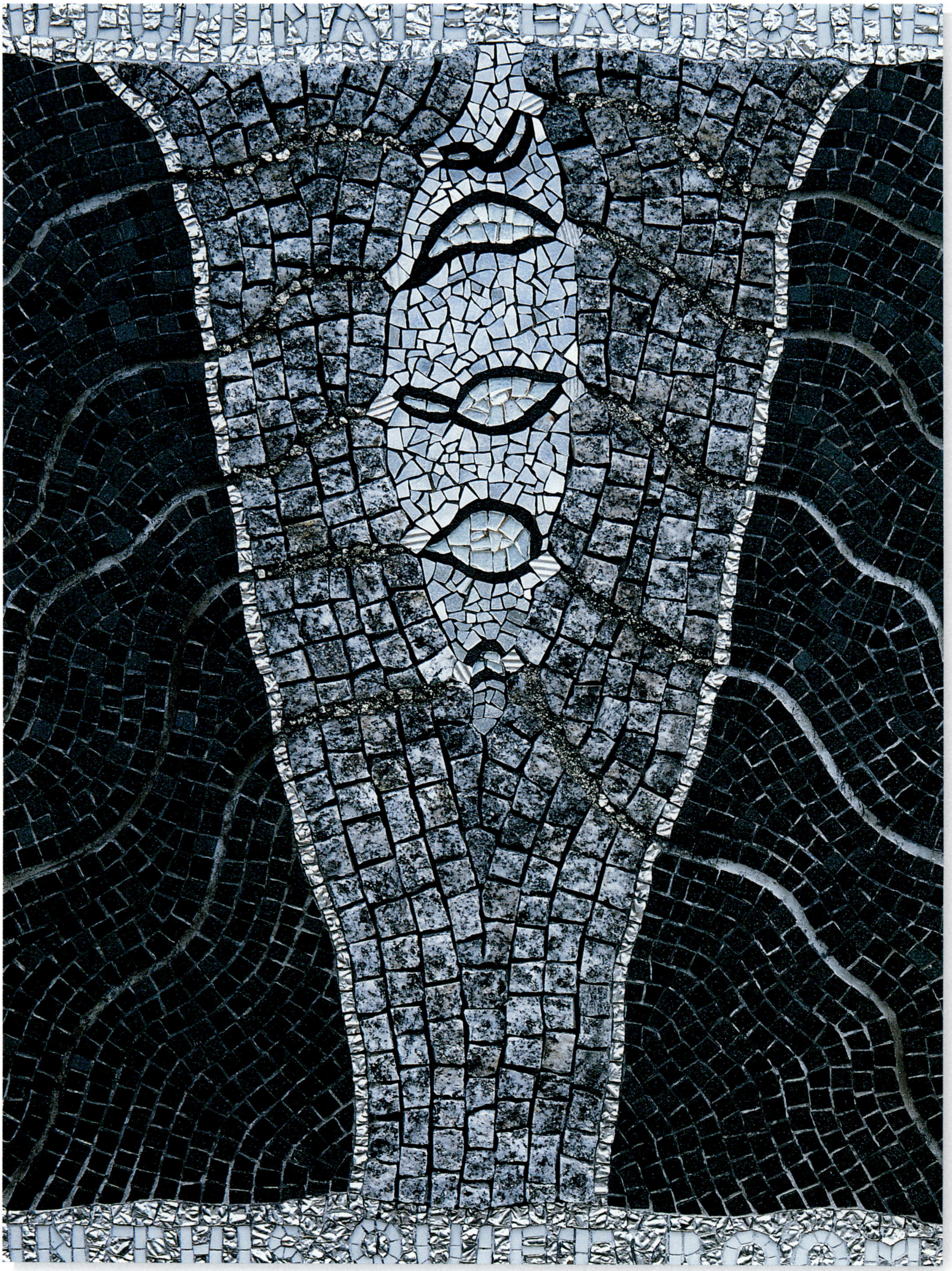

Erleuchtet einander. Elaine M. Goodwin. Granit, unglasierte Keramik, Glas und Buntglas. 25 x 29 cm. 1996

Ein Lebensbaum mit Wurzeln, die ins Unendliche streben, war der Ausgangspunkt für dieses meditative Mosaik. Der Titel ist einem Haiku des japanischen Dichters Basho entnommen.

Meeresgedicht I. Elaine M. Goodwin. Granit, altertümliches Musivgold, Buntglas und »Narrengold«. 45 cm². 1996

Dieses Mosaik ist eines von zwei Werken, die vom Seeblick oberhalb von St. Ives in Cornwall inspiriert sind. Es wirkt sehr meditativ, und Elaine sagt, es sei ein ikonenhaftes Bild für die Kontemplation.

Triptychon in Gelb mit Charles und Di. Cleo Mussi. Porzellanbruchstücke. 120 x 150 cm. 1993

Dieses im Wesentlichen dekorative Mosaik ist von der Baukunst des Jemens und Nordafrikas inspiriert. Es ist eine Hommage an religiöse Triptychons. Die Sonnen bestehen aus Töpferware von Ben Su, einem Keramiker aus Barcelona.

Becken der Farben (Detail einer Tischplatte). Cleo Mussi. Porzellanbruchstücke auf Redwood-Sperrholz. 125 cm Durchmesser. 1993

Die Künstlerin hat ein hervorragendes Gefühl für mediterrane Farben und Muster – sie dominieren in allen ihren Werken. Sie sagt, dieses Mosaik sei von der marokkanischen Keramik inspiriert. Der Stern ist eine Art islamisches Motiv. Man hat auch den Eindruck, dass dieses Muster der Navigation dient.

Foyer mit Doppelaxt (Detail). Lynn Denton. Steinzeug. 43 x 66 cm. 1986

Die Wiederholung des kretischen Doppelaxt-Motivs ergibt ein hübsches Mosaik, das sehr gefühlvoll mit irdenen Farben eingelegt wurde.

Spiegel mit grünen Blüten. Rajo Taylor-Smith. Glas, Buntglas und Spiegelglas. 31 x 49 cm. 1996

Ein einfacher, aber wirkungsvoll dekorierter Spiegel, der an Arabien und den Orient erinnert.

Sterne in Stein. Lynn Denton. Unglasierte Keramik und Spiegelglas. 31 x 49 cm. 1996

Die islamische Baukunst und die Sternbilder haben dieses Mosaik inspiriert.

Teil einer gewölbten Tafel. Wendy Davison. Glasierte Keramik. 18,5 x 11 cm. 1996

Dieses Mosaik lässt an Zersplittern oder Verschmelzen denken – an Blitze oder Elektrizität.

Mosaikmaterialien Nr. 4. Susan Goldblatt. Glas. 43 x 30,5 cm. 1996

Das Gittermuster erzeugt eine Art negativen Raum. Jedes Quadrat enthält eine winzige Ikone. Das Gehirn versucht natürlich, die Stücke zusammenzusetzen und manchmal – nicht immer – erkennen wir hinter dem Gitter ein Bild.

Gespiegelte Bodenfliesen. Rajo Taylor-Smith. Unglasierte Keramik und Spiegelglas. 30 cm^2. 1996

Dieses Mosaik ist von indischen Bildstickereien inspiriert. Die sich wiederholenden schlichten Motive verleihen ihm eine gewisse Feierlichkeit.

Das Innere eines Ladens. Rebecca Newnham. Glas und Blattgold. 120 x 60 cm. 1993

Dieses Mosaik schmückt die Seite einer Verkaufstheke, doch die lebhaften Farben verschönern das gesamte Innere des Ladens. Rebecca vergoldet ihr Glas selbst, so dass dieses extravagante Werk weniger kostspielig wird.

Ballon. Martin Cheek, Alan Welcome, Andrew Higgins. Unglasierte Keramik, gebrannte Fliesen. 122 x 90 cm. 1996

Dies ist offensichtlich ein Heissluftballon. Die Bilder auf den Fliesen lassen uns an die Orte, Menschen, Tiere und Wunder denken, die wir von diesem Ballon aus sehen könnten. Das Mosaik ist aus weggeworfenen Rakufliesen gefertigt.

Planet 2. Emma Biggs/Mosaic Workshop. Marmor. 120 x 60 cm. 1983

Ziellose Pfade, an Schneckenspuren erinnernd, winden sich hinter »Längengraden«, die auf einen Punkt zulaufen. Die Formen der unteren Hälfte des Bildes zielen anscheinend auf den Mittelpunkt der Ellipse im oberen Teil. Die Künstlerin versuchte, die einzelnen Mosaikteile wie Stiche in einem Bildteppich aussehen zu lassen und mit Verzerrungen zu spielen.

Die Wasserscheide.
Toby Mason. Glas. 41 x 56 cm. 1991

Mason beschreibt dieses Mosaik als »ein Experiment mit Unmöglichem, inspiriert von M. C. Escher«. Die Linien fliessen in elliptischen Bahnen; sie kreuzen sich und teilen den Raum in interessante Felder.

Badezimmer (Detail).
Steve Melton. Keramik und Spiegelglas. Gesamtgrösse: 180 x 300 cm. 1997

Melton interessiert sich sehr für Mikrobiologie und ist von Zellstrukturen fasziniert. Das inspirierte ihn zu diesen Mosaiken. Dass er auch etwas von figürlichen Skulpturen versteht, ist offensichtlich.

Badezimmer (Detail).
Steve Melton.

Der Künstler versucht hier, das komplexe »innere Universum« der Mikrobiologie zu erforschen. Das Mosaik erinnert an die Welt unter Wasser. Einige Formen ähneln Röhren oder den Erdhäufchen der Regenwürmer.

GEOMETRISCHE RÄNDER

Selbst die einfachsten Ränder aus einer einzigen Reihe eignen sich als »Rahmen« für ein Mosaik. Grosse, dekorative Ränder können selbst zu Kunstwerken werden. Entwerfen Sie Ihre Ränder auf isometrischem oder kariertem Papier.

Schachbrettstreifen. Mosaic Workshop. Glas.

Obwohl dieses einfache Muster nur aus ein paar Reihen besteht, verleiht es einer Wand oder einem Fussboden »Gewicht« am Rand.

Einfache Quadrate. Mosaic Workshop. Glas.

Noch ein einfaches Muster aus quadratischen Teilen. Sie können solche Muster auch aus ungeschnittenen Fliesen legen.

Sechs Quadrate. Mosaic Workshop. Glas.

Positive und negative Farben (hier Purpur und Grün) haben eine lebhafte Wirkung, wenn sie sich abwechseln. Da beide Farben Blau enthalten, sieht der Rand harmonisch aus.

U-Formen. Mosaic Workshop. Glas.

Ein einfaches Muster, leicht zu legen und dennoch sehr wirkungsvoll, auch wenn man es von oben her betrachtet.

Acht Quadrate. Mosaic Workshop. Glas.

Die sechs Quadrate haben eine völlig andere Wirkung, wenn man darüber und darunter jeweils noch ein weiteres Mosaikteil anfügt.

Gitter. Steve Charles. Keramik.

Diese Gitterverzierung können Sie leicht auf kariertem Papier entwerfen und Ihren Wünschen anpassen.

Multiquadrate. Mosaic Workshop. Keramik.

Dieses Muster können Sie so erweitern oder reduzieren, dass es zu jeder Fläche passt. Die wenigen hellbeigefarbenen Teile des oberen und unteren Streifens sind auffälliger als die schwarzen.

Umgekehrtes T. Steve Charles. Keramik.

Dieser Rand ist bei römischen Mosaiken sehr häufig zu sehen. Er ist einfach und doch schön, weil er von oben aussieht wie von unten – ein grosser Vorteil auf weiten Fussböden.

Mäander. Steve Charles. Keramik.

Das obere Randmuster ist eine Version des griechischen Mäandermusters. Es ist vor allem auf grossen Fussböden wirkungsvoll.

Zickzack. Mosaic Workshop. Glas.

Dieses Zickzackmuster ist sehr auffällig, wenn es aus reinem Schwarz und Weiss besteht. Sie können die Wirkung dämpfen, indem Sie zwei ähnliche Farbtöne wählen.

Diamanten. Mosaic Workshop. Glas.

Dieses Muster verlangt sorgfältig geschnittene Stücke, damit es hübsch aussieht. Die senkrechten verbindenden Mosaikteilchen sollten völlig gerade sein und parallel zu ihren Nachbarn liegen.

Ecken. Mosaic Workshop. Keramik.

Mit diesem Muster ist es einfach, ein Mosaik in einer Ecke zu legen. Betrachten Sie aber alle Ecken als Ganzes. Das kann heissen, dass Sie an jedem Ende gegensätzliche Farben wählen – etwa ein Schachbrettmuster – oder jede Reihe mit der gleichen Farbe abschliessen (z. B. Schwarz). Wenn die Tesserae nicht exakt passen, können Sie sie entweder gleichmässig verteilen oder von beiden Enden her einlegen und in die Mitte einzelne Tesserae setzen.

WELLEN, KNOTEN & BLUMENRÄNDER

Wellen und Knoten eigenen sich hervorragend für die Ränder grosser Flächen, z. B. von Fussböden. Sie können aus vielen Stilarten wählen. Denken Sie daran, dass Randmuster sich nicht unbedingt wiederholen müssen. Wenn die Sujets »natürlich« sind (etwa Blumen) und eine Linie (z. B. der Stengel) kontinuierlich verläuft, können Sie die umgebenden Motive (z. B. Blätter und Beeren) fast willkürlich verteilen, ohne dass die Einheit des Bildes darunter leidet.

Wellen I. Mosaic Workshop. Glas.

Dieses Muster ist schnell fertig. Sie brauchen Quadrate für die Kämme, die zuerst gelegt werden. Den Rest der Welle füllen Sie dann mit opus regulatum *auf.*

Wellen II. Steve Charles. Keramik.

Für diesen Wellenrand benötigen Sie nur eine einzige Reihe von Mosaikteilchen, um die Welle darzustellen.

Wellen III. Steve Charles. Keramik.

Viele Muster machen einen dreidimensionalen Eindruck. Hier wird diese Wirkung durch das »Schattieren« der Bereiche erzielt, welche die Wellenlinie erzeugt.

Wellen IV. Martin Cheek. Glas.

In diesem recht präzisen Muster ist jedes Mosaikteilchen sorgfältig zugeschnitten, damit der Wellenkamm realistisch wirkt. Der Rest der Welle besteht aus opus musivum.

Guilloche I. Steve Charles. Glas.

Dieses klassische Muster besteht aus zwei oder mehr gekrümmten Bändern. Es eignet sich auch für runde Einfassungen.

Guilloche II. Mosaic Workshop. Keramik.

Eine andere Version dieses Musters. Es besteht oft aus drei oder sogar vier ineinander verflochtenen Bändern.

Gemischte Motive. Steve Charles. Keramik.

Bei manchen Rändern kommt es weniger auf botanische Exaktheit an als auf Harmonie, die durch Wiederholung eines stilisierten Motivs entsteht.

3-D-Kurven. Steve Charles. Keramik.

Diese Einfassung wirkt dreidimensional, weil die Brauntöne sorgfältig mit den sahnefarbenen Teilchen verschmolzen werden. So kann der Rand zwischen dem Mosaik und seiner Umgebung eine Einheit bilden.

Gekrümmte Stiele. Mosaic Workshop. Glas.

Ein gutes Beispiel dafür, dass die ununterbrochene Linie (der Stiel) das Muster vereinheitlicht. Die willkürlich verteilten Früchte bringen Farbe ins Muster.

Dekorative Tafel. Attica. Keramik.

Dieses Muster eignet sich vor allem als Rand für ein Blumenmuster.

Geometrischer Rand. Attica. Keramik.

Hier ist die geometrische Stilisierung besonders wirkungsvoll, wenn sie den Rand eines grossen Fussbodens oder einer grossen Wand bildet. Je grösser die Fläche, desto öfter wiederholt sich das Muster und desto eindrucksvoller wird es auch.

Ranke mit Blättern. Steve Charles. Keramik.

Blätter, Farne und Ranken eignen sich gut als Bindeglieder in einem Muster; ausserdem haben sie eine eigene dekorative Wirkung.

STILLLEBEN

Ein Stillleben ist eine Darstellung lebloser Objekte. Es wird oft mit der Tonleiter des Musikers verglichen. Die meisten Künstler, einerlei, welchem Genre sie angehören, versuchen sich irgendwann an einem Stillleben, weil dessen natürliche Disziplin sie anzieht und herausfordert. Auch die meisten Künstlerinnen und Künstler, die ich hier vorstelle, kennen Sie schon aus anderen Kapiteln.

Muttis Tasse und Untertasse. Darvia Walmsley. Glas und Musivgold. 23 cm^2. 1995

Darvia arbeitet beruflich mit bemaltem Glas, wie die Plastizität dieses Mosaiks zeigt. Die verschiedenen Materialien und Texturen der Bildelemente sind sehr klar dargestellt – vom adretten Tischtuch zur zarten Tasse und Untertasse aus Knochenporzellan.

Duschraum. Emma Biggs/Mosaic Workshop. Glas. 4 x 2,5 m. 1994

Wenn wir dieses Bild betrachten, haben wir das Gefühl, wirklich im Duschraum zu stehen. Wir spüren geradezu, wieviel Spass es der Künstlerin gemacht hat, die vielen Elemente dieser Komposition zusammenzustellen.

Objekte. Rosalind Wates. Glas. 185 x 88 cm. 1987

Obwohl dieses Mosaik zwei Katzenstudien enthält und daher kein Stillleben im strengen Sinne ist, passt es in dieses Kapitel, weil die Katzen hier Elemente des Musters sind.

Teetisch. Clare-Marie Hill. Keramikfliesen, Teetopf, Tassen und Untertassen. 95 x 95 x 7 cm. 1996

Dieses Werk mit seinen klobigen Elementen wirkt laut und selbstsicher; doch die subtilen Farben verhindern einen aufdringlichen Gesamteindruck. Es ist eine beunruhigende und doch amüsante Idee, dieses Stück an eine Wand zu hängen, da wir eher daran gewöhnt sind, auf einen Tisch herabzublicken.

Gelbes Interieur. Rosalind Wates. Glas. 194 x 70 cm. 1988

Dieses Triptychon sieht wie ein Rundblick aus, den die Räder der Tafeln unterbrechen. Der Stuhl, die Ranke und der Tisch werden durchschnitten, setzen sich aber jenseits der Linie fort. Die starken senkrechten Wände an beiden Seiten führen uns in den Raum auf der anderen Seite – dennoch hat jeder Teil seine eigene Wirkung. Dieses Mosaik ist ganz auf vertikale und horizontale Linien abgestimmt, die für Harmonie und Ruhe sorgen.

Goldvögel. Rosalind Wates. Glas und Musivgold. 42 x 47 cm. 1989

Dank des Blattgoldes heben die Vögel sich gut vom gläsernen Hintergrund ab. Beachten Sie, dass einer von ihnen nach links blickt und dadurch die Gleichförmigkeit des Bildes durchbricht.

Erdbeeren mit Sahne, Ratatouille und Karottensuppe. Tessa Hunkin/Mosaic Workshop. Glas. 80 x 200 cm. 1996

Zusammen bilden diese Tafeln ein fröhliches und lebendiges Wandmosaik in einer Kantine. Die selbstsichere Schlichtheit des Musters täuscht über die jahrelange Erfahrung der Künstlerin hinweg. Es kann problematisch sein, kühne Farben auf einer derart grossen Fläche zu verwenden. Hier ist der neutrale graue Hintergrund notwendig, um ein wirkungsvolles Bild zu erzielen.

Der Tisch. Tessa Hunkin/Mosaic Workshop. Glas. 80 x 200 cm. 1996

Dieses entzückende Mosaik verbirgt nicht, was es ist. Fast zweihundert Jahre lang (im 17. und 18. Jahrhundert) gaben die Mosaike vor, Gemälde zu sein, und strebten nach Realismus. Diese Bilder schämen sich nicht, Mosaike zu sein, und jede Tessera ist klar und plastisch.

Kochen. Tessa Hunkin/Mosaic Workshop. Glas. 80 x 200 cm. 1993

Hier sind die Flammen in kühlem Gelb und Blau gefertigt, damit sie nicht von den heissen Orange- und Rottönen der Garnelen ablenken.

NATÜRLICHE KIESEL

ALLE ARBEITEN IN DIESEM KAPITEL stammen von Maggy Howarth. Sie war früher Malerin und machte Strassentheater; jetzt ist sie auf Kunstwerke aus Kieseln und Natursteinen spezialisiert und hat das moderne Mosaik zu ihrem Medium gemacht. Keine anderen Mosaikkünstler erreichen die gleiche Klarheit und Dynamik mit Materialien, die so unflexibel sind.

Vogel auf Distel. Schiefer, Kalkstein, Feuerstein und schwarzer Granit. 120 cm Durchmesser, 1994

Dieses Stück besteht aus zwei Hälften, doch das Bild ist überaus subtil geteilt. Die Trennline verläuft quer über die Spitze des linken Blattes, an der Brust des Vogels nach unten und hinüber zum rechten Blatt. Die Farben des Vogelkörpers sorgen dafür, dass das Tier sich von seiner Umgebung abhebt.

Fische (Detail). Quarz, Granit, Glas, Kalkstein. 2 m². 1995

Bei diesem üppigen Mosaik mit seinen fliessenden Linien handelt es sich um ein Meisterwerk des Kieselmosaiks. Sorgsam ausgewählte, gerundete, flache Kieselsteine deuten Schuppen an, während die bogenförmigen Flossen aus sehr harten Kalksteinplatten geformt sind, die Maggy bei Steinmetzen kauft.

Chinesischer Phönix (Detail). Granit, Schiefer und Glas. Gesamtgrösse: 180 cm Durchmesser. 1995

Hier deuten lange schwarze, in Reihen angeordnete Kiesel die Federn an. Der grüne Schiefer des Schnabels, die Sonnenstrahlen und die Federkiele machen das Bild lebendiger. Beachten Sie auch hier die geschickt eingearbeitete Verbindungslinie. Die im Kieselmosaik so schwer zu erreichende Klarheit ist der Grund dafür, dass Maggy als eine Meisterin ihres Fachs gilt.

◐ **Jungfrau** (Detail). Jaspis, Granit, Feuerstein, Quarz und Schiefer. Gesamtgrösse: 120 cm Durchmesser. 1996

Hier stehen die kühnen, ungeordneten weissen Steine in deutlichem Kontrast zum fein herausgearbeiteten Fischgrätenmuster der Flügel. Die subtilen grauen, grünen, braunen, roten und ockergelben Farbtöne wirken in solchen Mosaiken besonders reizvoll.

△ **Steinbock** (Detail). Feuerstein, Granit, Schiefer, Quarz und Kalkstein. Gesamtgrösse: 120 cm Durchmesser. 1996

Die konzentrischen Kreise aus Steinen (oben links) lenken den Blick in die Mitte. Von dort aus fliessen die Linien am Horn des Bocks entlang, an der Seite des Kopfes hinab und am Kiefer entlang. Kurvenreiche Linien bilden die Textur des Fells.

Stier. Granit, Jaspis, Kalkstein und Schiefer. 100 x 150 cm. 1994

Um im bequemen Studio arbeiten zu können, hat Maggy eine indirekte Arbeitsmethode entwickelt: Sie stellt Teile des Mosaiks als Gussformen her. Auch dieses Stück ist geschickt geteilt – die Trennlinie folgt dem Rand des Hinterbeins. Die langen weissen Steine des Hintergrunds sind alle seitlich ausgerichtet und werden nach aussen grösser. Sie verleihen dem Stier ein wildes, kraftvolles Aussehen.

Reiher. Granit, Jaspis, Quarz und Schiefer. 120 cm Durchmesser. 1996

Howarth legt die Steine immer so, daß sie die Form hervorheben. Die langen schwarzen und grauen Steine eignen sich hervorragend als Federkleid. Die Streifen aus Stein, die für den Rand benutzt wurden, zeigen alle nach innen und lenken den Blick auf den Vogel.

Olivenbaum. Keramik, Granit, Schiefer und Kalkstein. 100 cm². 1996

Hier rufen die verschiedenen Kieselarten den Eindruck einer knorrigen Rinde hervor. Die grossen, eingekerbten, steinernen Blätter tragen dazu bei, dem Baum seine Form zu geben und ihn vom Hintergrund abzuheben. Man kann sein Wachstum förmlich spüren.

Schmetterling. Feuerstein, Quarz, Schiefer und Granit. 1 m^2 Durchmesser. 1995

Die lange braunen und weissen Steine bilden fliessende Linien quer über den Flügeln; sie durchbrechen die grösseren schwarzen und weissen Steine, die für die Zeichnung benutzt wurden, und weisen dem Grundmuster die Richtung.

Seejungfrau (Detail). Quarz, Granit, Schiefer und Kalkstein. 100 x 150 cm. 1995

Die Streifen aus Stein, die das Haar bilden, heben sich schön von den runden Zylindern und den flachen Steinen ab. Kleinere Steine trennen die grossen weissen Zylinder, aus denen der Schwanz geformt ist, und füllen Lücken. Der Schwanz besteht aus einem Stück behauenen Kalksteins.

Tintenfisch. Granit, Feuerstein, Quarz und Schiefer.
200 x 100 cm. 1997

Selbst bei komplizierten Mosaiken gelingt der Künstlerin ein starker Kontrast zwischen Sujet und Hintergrund. Hier heben sich die hellen Zylinder des Tintenfischs von den dunklen, langen Steinen der Umgebung ab. Die Kiesel sind nach Farbton und Grösse so ausgewählt, dass sie die Konturen betonen, zum Beispiel am Hinterkopf. Die langen graublauen Streifen durchbrechen die Einförmigkeit der Bereiche mit runden Kieseln.

MOSAIK ALS SKULPTUR

ZU DEN GROSSARTIGSTEN MERKMALEN des Mosaiks gehört das Spiel des Lichts auf der Oberfläche. Entscheidend ist, wo das Mosaik angebracht wird. Soll es mit der Umgebung verschmelzen, oder soll es sie widerspiegeln? Soll es sie dominieren? Es ist am besten, wenn man einen Künstler damit beauftragt, ein Mosaik für einen bestimmten Platz anzufertigen. So kam beispielsweise Rosalind Wates Makrele (Seiten 124–125) zustande.

Konvexe Spiegel. Rebecca Newnham. Schmelzglas und Blattgold. Die Kuppeln sind 180 cm hoch und haben einen Durchmesser von 50 cm.

Das ägyptisch anmutende Motiv passt hervorragend zu diesen prächtigen, gewölbten Schalen. Die Schalen wurden zunächst aus Polystyren geformt, dann mit Glasfasern überzogen und schliesslich mit Mosaik dekoriert.

Lilienstern und Sternlilie. Rebecca Newnham. Glas, Musivgold und Blattsilber. 200 cm hoch, 35 cm Durchmesser. 1996

Rebecca war der exorbitanten Preise für Musivgold und -silber überdrüssig und entwickelte ein Verfahren, um ihr Glas selbst zu vergolden oder zu versilbern. Diese Pfeiler stehen jetzt neben der Haupttreppe eines Ozeandampfers.

Schnecke und Schneckenpfad. Martin Cheek. Glas. 23 x 15 cm. 1995

Dies ist eine von zwei Schnecken, die meine Gartenmauer entlang rasen! Mosaike müssen nicht immer rund oder rechteckig sein. Als ich dieses indirekte Mosaik an der Mauer anbrachte, bearbeitete ich ein Stück, das grösser ist als die Schnecke, und schabte den Zement zurück, sobald das Werk sich an Ort und Stelle befand. Den Spiegel, nach der direkten Methode gefertigt, fügte ich später hinzu.

Maulwurf. Martin Cheek. Glas auf Stahlplatte. 46 x 74 cm. 1997

Diese lustige Figur war ursprünglich als Sonnenuhr gedacht. Die Nase sollte der Zeiger sein und eine Menge kleine Erdhäufchen die Stundenzeichen. Ich habe den Maulwurf nach der indirekten Methode mit Mosaik belegt und anschliessend an die Stahlplatte geklebt.

Springender Lachs. Martin Cheek. Glas und Spiegelglas auf Stahl. 148 x 106 cm. 1997

Bei günstigem Licht verschmilzt das Flusswasser, das man durch die Löcher im »Fluss« des Mosaiks sieht, fast mit dem Wasser, das sich im Mosaik spiegelt. Dieses Stück habe ich indirekt gefertigt, indem ich die Spiegelglas- und Glasteilchen mit wetterfestem Epoxydharz auf eine Stahlplatte klebte. Dann fügte ich den Wasserschwall hinzu, der nach der direkten Methode entstand.

Miori. Steve Melton. Blaue Keramikfliesen, Bronze, Spiegelfliesen. Etwa 178 cm. 1995

Diese faszinierende, lebensgrosse Figur steht im polygonalen Hof des berühmten Schlosses zu Boulogne. Die beträchtliche Grösse trägt entscheidend zur imposanten Wirkung der Skulptur bei, die Bilder nur teilweise vermitteln können.

Miori (Detail). Steve Melton

Diese Figur ist sexy und schlank, aber sie hat disharmonische Vorsprünge aus Bronze. Der Künstler hat diese Knollen hergestellt, indem er eine Gussform von aufgeblasenen Plastiktüten machte und sie mit Bronze füllte. Melton leitet die Bronzegiesserei in einer Hochschule für Kunst und Design. Als Experte für Bildgiesserei nutzt er seine Fähigkeiten für seine Mosaike.

Nataweg – in der Eule und in der Frau. Mireille Lévesque. Schiefer, Kalkspat, Porzellan, Glasemail. 123 x 40 cm. 1996

Ein geistreicher visueller Scherz mit dem »Mieder« der Dame, das oben die Form eines drolligen Eulenkopfes annimmt. Die natürlichen irdenen Farben passen gut zur Umgebung.

Ohne Titel. Steve Melton. Fiberglasformen, Keramikmosaik und blaue Glaskugeln. 4,26 m hoch, 1,98 m Durchmesser. 1997

Melton formt derartige Objekte zuerst aus Ton und überzieht sie dann mit Glasfaserharz. Wenn der Harz trocken ist, sägt er die Skulptur in der Mitte durch und holt den Ton heraus. Dann leimt er die beiden Hälften wieder mit Harz zusammen. Das Ergebnis ist eine strukturell starke, hohle, leichte Schale, auf die Melton mit wasserfestem Fliesenleim die Mosaikteilchen klebt.

Ohne Titel (Detail). Steve Melton

Melton bringt an seinen Skulpturen gerne Vorsprünge an. Hier hat er blaue Schwimmer aus Plastik (beim Fischen verwendet) durchgesägt und die Halbkugeln mit Alufolie gefüllt. Dieses Werk scheint aus einer anderen Welt zu stammen, und seine enorme Grösse verstärkt diesen Eindruck.

Makrele (Detail). Rosalind Wates

Mit ihrer üppigen Musterung und den herrlich schillernden Farben ist diese Makrele ein ausgezeichnetes Thema für ein Mosaik.

Makrele. Rosalind Wates, Yvonne Murray und die Gemeinde North Uist. Kiesel, Glas und Muscheln. 5 m. 1996

Dieser erstaunliche Fisch sieht aus, als habe ihn ein Meeresgott soeben an den Strand geworfen. Ein herrliches Beispiel dafür, was man mit einem Mosaik erreichen kann. Dieses Werk wurde an Ort und Stelle auf den äusseren Hebriden geschaffen, wo die Künstlerin viele Kiesel fand. Grünes und blaues Glas sowie blaue Muschelschalen fügte sie hinzu.

Dies ist das erste dreidimensionale Objekt von Rosalind Wates. Es besteht aus einem Aluminiumrahmen, der an den Felsen geschraubt und mit galvanisiertem Maschendraht überzogen und dann mit einem speziellen meerwasserfesten Material verputzt wurde.

VERZEICHNIS DER KÜNSTLER

Die in diesem Buch vorgestellten Künstler sind hier in alphabetischer Reihenfolge aufgelistet. Die Zahlen geben die Seiten an, auf denen ihre Werke abgebildet sind. Abkürzungen::

B: Aufträge von Behörden
Pr: private Aufträge
R: Restaurationen
K: Kurse
A: Ausrüstung

Attica

543 Battersea Park Road
GB-London SW11 3BL
Tel: +171 738 1234
Fax: +171 924 7875
E-Mail: dec@attica.co.uk
B; Pr
Siehe Seite 103

Sylvia Bell

Attunga
40 Copse Wood Way
GB-Northwood
Middlesex HA6 2UA
Tel.: +1923 829 154
Pr
Siehe Seite 4, 5, 16–17, 18, 48–49, 50

Vanessa Benson

16 St Peter's Street
GB-London N1 8JG
Tel.: +171 226 6875
B, Pr, K
Siehe Seite 1, 50, 64, 65

Oliver Budd

Unit 5 A
Crown Yard
Bedgebury Estate
GB-Goudhurst
Kent TN17 2QZ
Tel.: +1580 212 643
Fax: +1580 754 871
B, Pr
Siehe Seite 19, 32, 64, 75, 82–83

Trevor Caley

Trevor Caley Associates
Sunnyside Cottage
Woodgreen
GB-Fordingbridge
Hampshire SP6 2AU
Tel.: +1725 512 320
Fax: +1725 512 420
B, Pr, R
Siehe Seite 66, 86

Steve Charles

42 Elcho Street
GB-London SW11 4AU
Tel./Fax: +171 228 5785
B, Pr
Siehe Seite100, 101, 102, 103

Martin Cheek

Flint House
21 Harbour Street
GB-Broadstairs
Kent CT10 1ET
Tel.: +1843 861 958
Fax: +1843 868912
E-Mail: martin@mosaicart-cheek.demon.co.uk
Website: http://www.mosaicart-cheek.demon.co.uk
B, Pr, K, A (Tel.: +1843 867481)
Siehe Seite 2, 4, 7, 8, 12, 13, 16–17, 18, 20, 22, 24, 25, 28, 38, 39, 40–41, 42, 48–49, 52, 54, 67, 78–79, 96, 102, 120, 121

Wendy Davison

Owl Cottage
GB-Polmear Hill, Par
Cornwall PL24 2TJ
Tel.: +1726 816 533
Pr
Siehe Seite 94

Lynn Denton

607 South Ninth Street
Philadelphia, PA 19147
USA
Siehe Seite 88, 93

Joanna Dewfall

No 5 Newton Tony
GB-Nr Salisbury
SP4 0HA
Tel.: +1980 629 472
B, Pr, K
Siehe Seite 6, 14

Julian George

Ravenna Arts
Higher Wringworthy
GB-Morval, Looe
Cornwall PL13 1PR
Tel./Fax: +1503 240 566
B, Pr
Siehe Seite 81

Susan Goldblatt

45 Wolseley Road
GB-London N8 8RS
Tel.: +181 340 5749
Fax: +181 347 8737
E-Mail: jstanley@europehome.win-uk.net
B, Pr
Siehe Seite 21, 40–41, 48–49, 94

Elaine M. Goodwin

4 Devonshire Place
GB-Exeter EX4 6JA
Tel./Fax: +1392 270 943
B, Pr
Siehe Seite 50, 51, 62, 69, 90, 91

Raymond Gordon

Raymond Gordon Ceramics
7 Lindfield Road
GB-London W5 1QS
Tel./Fax: +181 998 3556
B, Pr, R
Siehe Seite 9, 32

Nicola Haslehurst

Wey Cottage
Elstead
GB-Godalming
Surrey GU8 6LE
Tel.: +1252 702 52
Pr
Siehe Seite 36

Anne Heathman

Flat 2
90 Church Road
GB-Richmond
Surrey TW10 6LW
Tel.: +181 940 5603
Pr
Siehe Seite 19

Clare-Marie Hill

3 Thompson Close
GB-Quorn
Leicestershire LE12 8UY
Tel./Fax: +1509 416 197
Pr
Siehe Seite 63, 86, 106

Mark Holihan

71 Bourne Avenue
GB-Windsor
Berkshire SL2 3JR
Tel.: +01753 825 548
Pr
Siehe Seite 20

Maggy Howarth

Cobblestone Designs
Hilltop
GB-Wennington
Lancaster LA2 8NY
Tel./Fax +15242 742 64
B, Pr
Siehe Seite 5, 110–117

Greg Kirrish

11419 Edgemere Terrace
Roscoe, Illinois 61073
USA
E-Mail: GHKirrish@aol.com
Pr
Siehe Seite 80

Marjorie Knowles

80 High Street
Long Crendon
GB-Nr Aylesbury
Bucks HP18 9AL
Tel.: +1844 208 435
B, Pr, R
Siehe Seite 28–29, 34–35, 46–47, 53, 70–71, 87

Mireille Lévesque

Atelier de La Maison Bleue
22 rue Ste-Anne Varennes
Quebec J3X 1R5
Kanada
Fax: +514 652 7563
B, Pr
Siehe Seite 125

Sean Lyon

Mosaic Designs
14 The Crofts
GB-Stenton
EH42 1TH
Tel.: +1368 850 674
B, Pr
Siehe Seite 37, 50, 100–103

Toby Mason

Reflective Glass Mosaics
911 County Club Drive
Vienna VA 22180-3621
USA
Fax: +703 242 1231
E-Mail: mason@erols.com
B, Pr, R
Siehe Seite 58, 59, 89, 99

Peter Massey

114 Alfreton Road
GB-Little Eaton
Derby DE21 5DE
Tel.: +1332 834 135
B, Pr
Siehe Seite 12

Steve Melton

Grove Villa
3 Elms Avenue
GB-Ramsgate
Kent CT11 9BW
Tel.: +1843 592 197
B, Pr
Siehe Seite 98, 122, 123

Mosaic Workshop

Emma Biggs
Tessa Hunkin
Unit B
443–449 Holloway Rd
GB-London N7 6LJ
Tel.: +171 263 2997
B, Pr, R, K, A
Siehe Seite 6, 10–11, 12, 14, 15, 23, 37, 45, 53, 56–57, 63, 68, 72, 73, 80, 97, 100, 101, 102, 103, 105, 108–109

Jane Muir

Butcher's Orchard
Weston Turville
GB-Aylesbury
Bucks HP22 5RL
Tel.: +129661 2292
B, Pr
Siehe Seite 31, 60, 61

Cleo Mussi

Uplands Cottage
99 Slad Road
GB-Stroud
Gloucestershire GL5 1QZ
Tel.: +1453 762 539
B, Pr, K
Siehe Seite 76, 77, 92

Rebecca Newnham

Kingsgate Workshops
110–116 Kingsgate Road
GB-London NW6 2JG
Tel.: +171 328 6741
B, Pr
Siehe Seite 6, 44, 68, 93, 118, 119

Del Palmer

99 Court Road
Eltham
GB-London SE9 5AG
Tel.: +181 859 0128
c/o Noverica Ltd
Fax: +181 317 7188
Pr
Siehe Seite 56, 65

Catherine Parkinson

6a Dalgarno Gardens
GB-London W10 6HD
Tel.: +181 964 1945
Pr
Siehe Seite 8

Elizabeth Raybee

ER Mosaics
12773 Pine Avenue
Potter Valley, CA 95469
USA
Fax: +707 743 2005
E-Mail: raytax@sirius.com
B, Pr
Siehe Seite 26, 27, 65

Nick Robertson & Tim Turton

Art & Design
Huntsmoor
Church Lane
GB-Cheltenham
Gloucestershire GL51 5TJ
Tel.: +1242 862 444/514 224
B, Pr
Siehe Seite 32, 64, 74

Emma Ropner

Hill Top East
Newton Le Willows
GB-Bedale
N. Yorkshire DL8 1DP
Tel.: +1677 424 049
Pr
Siehe Seite 36

Liz Simms

Magpie Mosaics
2 Lambton Court
GB-Bedlington
Northumberland
WE 22 5YQ
Tel.: +1670 820 360
B, Pr
Siehe Seite 20, 21, 76

Alison Slater

114 Alfreton Road
GB-Little Eaton
Derby DE21 5DE
Tel.: +1332 834 135
Pr
Siehe Seite 84

Jo Staniland

6 Antrobus Road
GB-London W4 5HY
Tel.: +181 747 1189
Pr
Siehe Seite 84

Jeni Stewart-Smith

24 Carneton Close
Crantock
GB-Newquay
Cornwall TR8 5RY
Tel./Fax: +1637 830 546
Pr
Siehe Seite 10,19,28,33,44,45,46

Kathleen Stone Sorley

Low Farthingbank
GB-Dumfries & Galloway
DG3 4EH
Tel.: +1848 600 240
Pr
Siehe Seite 51

Rajo Taylor-Smith

14B Cowley Road
GB-Oxford OX4 1ZH
Tel.: +1865 245 253
Pr
Siehe Seite 4, 43, 84, 93, 95

Darvia Walmsley

Smithy Farm
Cold Row Carrlane
Stalmine
GB-Poulton-le-Fylde
Lancs FY6 9DW
Tel./Fax: +1253 702 531
E-Mail: darvia@daedalian-glass.co.uk
B, Pr
Siehe Seite 5, 104

Rosalind Wates

Malberet
Bar Lane, Owlslick
GB-Princes Risborough
Bucks HP27 9RG
Tel./Fax: +1844 342005
B, Pr
Siehe Seite 36, 43, 51, 52, 85, 87, 106, 107, 124, 125

Kim Williams

15 Halliford Road
GB-Sunbury
Middlesex TW16 6DP
Tel.: +1932 788553
Pr
Siehe Seite 7

GLOSSAR DER FACH-BEGRIFFE

Andamento Die Bewegung, die Dynamik, das »Fliessen« eines Mosaiks.

Opus musivum Siehe *Opus vermiculatum*.

Opus regulatum Eine römische Mosaiktechnik. Dabei werden regelmässige, quadratische Tesserae in geraden Reihen gelegt. Auf diese Weise entsteht ein Muster, das einer Ziegelmauer gleicht. Man benutzt es oft, um einen weiten Hintergrund zu füllen.

Opus sectile Wenn ein Teil des Mosaiks, z. B. ein Kopf, aus einem einzigen Stück besteht, nennt man diesen Teil *opus sectile*.

Opus tessellatum Eine römische Mosaiktechnik. Dabei ordnet man regelmässige, quadratische Tesserae geradlinig an. Wird meist benutzt, um einen weiten Hintergrund zu füllen.

Opus vermiculatum Römische Mosaiktechnik. Dabei werden die Tesserae in einer Reihe um das Hauptmotiv herum eingelegt, so dass ein Halo-Effekt entsteht und der Rand des Motivs hervorgehoben wird. Setzt sich das opus vermiculatum nach aussen hin fort, um eine grössere Fläche zu füllen, heisst diese Fläche **Opus musivum** – dies ist ein besonders lyrisches und rhythmisches Verfahren (der Begriff bedeutet wörtlich »die Musen betreffend«).

Danksagungen und Nachweis der Fotos
Autor und Verlag danken Clare Maddicott Publications, Cambridge, deren Postkarten-Design die Inspiration für die »Liebesvögel« auf Seite 36 war.

Die Fotos stammen von Jon Bouchier mit folgenden Ausnahmen:
Abacus 21u; Attica 103m/r, u/r; Laura Benson 65o; Vanessa Benson 50u; David Bird 44u, 119; Gareth Blore 62, 90, 91; June Buck/Mosaic Workshop 10-11, 23, 37l, 45u, 68 u, 97, 105, 108-19; Kenneth Budd 19u, 64o, 75; Oliver Budd 32u, 82-83; T. J. Caley 66, 85o/l; Martin Cheek 13, 24m, 42o, 54o/r, 120o; Val Corbett 52m/r, u; Johnny Davis 26-27, 65u/r; Lynn Denton 88, 93o; Peter Dobson 8o, 28o, 48-49; FXP 76u/l,76-77, 92o; David George 100u/l, 101o/ r, m/l, 102o/l,m/r,u/r, 103o/r,o/ l,u/ l; Susan Goldblatt 21o, 94u; Elaine M. Goodwin 30, 51u; Judith A. Gordon 9; Rossman Haigh 36u; Simon Head 64u; Niles E. Helmboldt 51o/l; Mark Holihan 20u; Maggy Howarth 110-117; Jacqui Hurst 52o/l, 54o/l; Paul Kenny 104; Greg Kirrish 80o; Marjorie Knowles 28-29, 34-35; Catherine Leblanc 123o/r; Peter Lofts 87; Evelyn Lothian 46-47; Hazel Lyon 37r, 50m; Derek Magrath 14u; Cristopher Mann 85, 106o,u, 107; Toby Mason 58-59, 89,99; Paul McConnell 94o; Helen McDonald 125-126; Steve Melton 98, 122-123o/l; John Melville 69; B. J. Middlehurst 81; David Mocatta 61b; Mosaic Workshop 100 ausser u/l, 101 ausser o/r, m/l, 102o/r, 103o/l, u/l; Jane Muir 31o/l, 60-61o; Cleo Mussi 77u/l; Susan Olumide 63o, 86r, 106m; Del Palmer 65m/l,m/r,u/l; James Postgate/Mosaic Workshop 12o/l, 14o, m, 15, 55, 57, 63u, 72o, u, 73, 80u; Nick Robertson 32m, 64m; Judy Stewart-Smith 10, 28m,33, 44o, 46; Jens Storch 92u; Supple 53; Michael Taylor 12m/r; Frank Thurston 68o; Tim Turton 74; Rosalind Wates 36o, 43m, u, 51o/r, 87; Shona Wood 50o; Stephen Wright 8m.

Die englische Originalausgabe erschien 1998 unter dem Titel *Design Sourcebook Mosaics* bei New Holland Publishers (UK) Ltd., London, Grossbritannien

Aus dem Englischen übersetzt von Martin Rometsch, D–Mengen

Satz der deutschen Ausgabe: Thomas Heider, D–Bergisch Gladbach

Die Deutsche Bibliothek – CIP-Einheitsaufnahme
Cheek, Martin:
Mosaik : das Ideenbuch /Martin Cheek. [Aus dem Engl. übers. von Martin Rometsch]. – Bern ; Stuttgart ; Wien : Haupt, 1998
Einheitssacht.: Design sourcebook <dt.>
ISBN 3-258-05908-X

Künstler auf Seite 1-7: S. 1 Rosalind Wates, Seite 2 Martin Cheek, Seite 3 Trevor Caley, Seite 4o/r Martin Cheek, m/l Sylvia Bell, u/r Raymond Gordon, u/l Martin Cheek, Seite 5 Darvia Walmsley, o/r Maggy Howarth, u Sylvia Bell, Seite 6 o Tessa Hunkin, m Rebecca Newnham, u Joanna Dewfall, Seite 7 o Alison Slater, m Martin Cheek, u Kim Williams.